民族之魂

精益求精

陈志宏◎编著

延边大学出版社

图书在版编目（CIP）数据

精益求精 / 陈志宏编著 . —— 延吉 : 延边大学出版社 , 2018.4（2023.3 重印）

（民族之魂 / 姜永凯主编）

ISBN 978-7-5688-4491-8

Ⅰ . ①精… Ⅱ . ①陈… Ⅲ . ①品德教育—中国—青少年读物 Ⅳ . ① D432.62

中国版本图书馆 CIP 数据核字（2018）第 069503 号

精益求精

编　　　著：陈志宏

丛 书 主 编：姜永凯

责 任 编 辑：孙淑芹

封 面 设 计：映像视觉

出 版 发 行：延边大学出版社

社　　　址：吉林省延吉市公园路 977 号　　邮编：133002

网　　　址：http://www.ydcbs.com　　E-mail：ydcbs@ydcbs.com

电　　　话：0433-2732435　　　　传真：0433-2732434

发行部电话：0433-2732442　　　　传真：0433-2733056

印　　　刷：三河市同力彩印有限公司

开　　　本：640×920 毫米　　　1/16

印　　　张：8　　　　　　　字数：90 千字

版　　　次：2018 年 4 月第 1 版

印　　　次：2023 年 3 月第 3 次印刷

ISBN 978-7-5688-4491-8

定价：38.00 元

人有灵魂，国有国魂；一个民族，也有民族魂。

鲁迅先生曾经说过："唯有民魂是值得宝贵的，唯有他发扬起来，中国才有真进步。"

鲁迅先生以笔代戈，战斗一生，曾被誉为"民族魂"。

民族魂，顾名思义，就是一个民族的灵魂！民族魂，是一个民族的精髓，体现了一种民族的精神，是一个民族生存和存在的精神支柱。

什么是中华民族的民族魂？那就是中华民族精神！它是中华民族凝聚力的理念核心，是中华文明传承的基因。它包含热烈而坚定的爱国情感，对生活的美好愿望和追求，为目标努力奋斗的拼搏毅力，为正义事业不惜牺牲自己的精神，以及正确的人生观和价值观。

前 言

翻开浩瀚的中国历史长卷，我们可以看到数不胜数的，体现民族精神和民族魂的英雄人物和可歌可泣的感人故事。

民族魂，不仅体现在爱国主义精神和行动中，而且体现在各个领域自强不息的民族奋斗中。而中华民族精神的力量，更是深深植根于延绵几千年的传统文化之中，始终是维系中华各族人民共同生活的纽带，是支撑中华民族生存和发展的精神支柱，是不断推动中华民族前进的强大动力。

民族魂体现在"重大义，轻生死"的生死观中；民族魂体现在"国家兴亡，匹夫有责"的使命感中；民族魂体现在"我以我血荐轩辕"的大无畏精神中；民族魂体现在将国家利益置于最高的爱国情怀中！

纵观中华五千年文明史，曾经有多少杰出的政治家、军事家、思想家、文学家、科学家、艺术家；曾经有多少忧国忧民、鞠躬尽瘁的仁人志士；曾经有多少抗击外敌、英勇献身的民族英雄。他们或顺应历史潮流，积极改革弊政，励精图治，治国安邦，施利于民；或为人类进步而不断进行着农业、工业、科技、社会等各种创新；或开发和改造河山，不断创造着灿烂的中华文明；或英勇反击外来侵略，捍卫着国家主权和民族尊严；或坚决反对民族分裂，维护国家的统一……他们从不同的侧面，体现了中华民族的民族魂，谱写了几千年中华文明的壮丽诗篇，铸造了中华民族高尚而坚不可摧的"民族之魂"。

民族魂，就是爱国魂。从屈原在汨罗江边高唱的《离骚》，到文天祥大义凛然赴死前的"人生自古谁无死，留取丹心照汗青"的诗句；从岳飞的岳家军抗击入侵金兵，到郑成功收复台湾；从血雨腥风的鸦片战争，到硝烟弥漫的十四年抗战，再到抗美援朝的隆隆炮声……哪个为国捐躯的英雄不是可歌可泣的？

民族魂，就是奋斗魂。从勾践卧薪尝胆，到司马迁秉笔直书巨著《史记》；从鉴真东渡传播佛法终在第六次成功，到詹天佑自力更生建铁路；从袁隆平百次实验成为"水稻之父"，到屠呦呦的青蒿素获得诺贝尔奖……哪个不是历经艰难，最终取得成功？

民族魂，就是改革献身魂。从管仲改革到商鞅变法；从王安石变法到百日维新……哪次变法图强不是要冲破

民族之魂

2

旧势力的阻挠，或流血牺牲？

民族魂，就是创新魂。古有毕昇发明活字印刷，今有王选计算机照排；古有指南针、造纸术、火药、浑天仪、地动仪的发明，今有神舟号的相继飞天……哪个不是中华民族的智慧结晶？

自古以来，多少仁人志士为了维护人格的尊严和民族气节，以生命为代价！留下了"玉可碎不可污其白，竹可断不可毁其节"的称颂；有多少英雄豪杰，为理想和事业奋斗，面对死亡的威胁，大义凛然；有多少爱国壮士面对侵犯祖国的列强，挺身而出而献出生命。

伟大的中华民族孕育了五千年的辉煌，五千年的历史留下了璀璨的中华文明。

中国人的血脉流淌着顽强不屈的精神！我们的先辈用血汗和生命铸就了不朽的中华民族魂！换得如今中华大地的一片祥和安宁，换得我们现在的幸福生活。如今，我们要实现习近平主席提出的中国梦，依然需要我们秉承祖辈留下的这种"民族魂"。

青少年是国家的希望，亦是民族的未来。因此，爱国主义教育和励志图强教育要从青少年开始。为了增强对青少年的民族精魂和志向教育，我们精心编写了本套丛书——《民族之魂》丛书。

本套丛书将我国有史以来体现民族精神和民族魂的典型事迹，以通俗易懂的语言故事形式展现出来，适合青少年的阅读水平和欣赏角度。书中提供的人物和事件等故事，涉及社会的各个方面，有利于青少年学习和理

前 言

解，使读者能全方位地领悟中华民族精神。

　　为了帮助读者更好地理解和吸收故事的精神，编者在每篇故事后还给出了"心灵感悟"，旨在使故事更能贴近现实社会，让读者结合自身的需要学习领会，引发读者更深入的思考。

　　希望读者们可以从本套图书中获得教益，通过阅读，真正体会到中华民族之魂所在，同时能汲取其精华，不断提升自己各方面的素质和品格，为祖国新时代的建设和发展做出努力。

　　全套丛书分类编排，内容详尽，风格独具，是广大读者尤其是青少年爱国励志教育的优秀阅读材料。相信本套丛书一定可以成为青少年朋友的良师益友。

民族之魂

导言

　　"精益求精"是一种做事的认真态度和责任心，是力争好中求好的精神，也是职业道德的素质体现。"精益求精"即是不断提高自己的专业技能，以便出色地完成自己的工作，它是尽职尽责、诚信无欺和人们对职业理想与职业荣誉执著追求的高度自觉的统一。

　　古代《周书》有道："农不出则乏其食，工不出则乏其事，商不出则三宝绝，虞不出则财匮少，财匮少而山泽不辟矣。此四者，民所衣食之原也。"这就是说，人该干什么的就认真干什么，这是民生之本，是人最基本的原则。人们只有在自己的职业岗位上勤奋工作，才能创造社会的财富。但要真正成就一番事业，却需要付出艰苦的劳动，孜孜不倦，自强不息。

　　俗语云："三百六十行，行行出状元。"做任何职业，只要有钻研精神，有执著的毅力，就能够成就一番事业而有所建树。而一个缺乏高精专业技能的人，只能是一个平庸的工作者。尽职尽责完成自己的工作，是每个人都应具备的职业道德。敬业的更高境界，在于把职业作为自己理想和追求的寄托，全身心地投入，在职业活动中发展并完善自己的能力，实现自己的价值，为社会作出更大的贡献。一个能够在职业上成就一番事业的人，对工作总是精益求精的。这方面，古代先贤和近现代楷模们有许多事迹值得我们学习。如文学家为一词一字的恰当使用而殚精竭虑、反复斟酌，为千古称颂；医学家为诊治一病、考订一药而跋山涉水、四处求师、广搜博采，令人崇敬。可见，精益求精是我们中华民族历来治学成业的传统美德。一个人只有具备了这种精神，才能攻克各种困难，取得事业上的突出成就。"业精于勤荒于嬉"，精湛的技艺并非天生的，它需要本着对职业的热爱而不断摸索、提炼、学习。中华民族的先贤们正是通过不断的努力和钻研，用精益求精的态度和精神，为百姓创造了巨大财富。

　　本书中，我们选编了一些体现"精益求精"内涵的经典故事，希望读者通过对此书的阅读，从中受到启迪和教益，并在自己所从事的学习或工作中，能够用精益求精的态度和精神做事。今天，职业不再只是谋生的手段，更是人们自由发挥其才能、完善自我、为社会作贡献的重要途径。我们要继承和发扬中华传统美德的优秀品质，为社会主义现代化建设贡献自己更多的力量！

目录

CONTENTS

第一篇

语不惊人死不休

杜甫写诗百斟酌

杜甫（712—770），字子美，自号少陵野老，汉族，河南巩县（今河南巩义市）人。世称杜工部、杜拾遗，盛唐时期伟大的现实主义诗人。杜甫生在"奉儒守官"并有文学传统的家庭中，是著名诗人杜审言之孙。7岁学诗，15岁扬名，一生不得志，只做过一些左拾遗等小官。虽然后世被称为"诗圣"，其诗歌被称为"诗史"，可在唐朝当时并没有得到人们应有的重视。杜甫忧国忧民，人格高尚，一生写诗3000多首，诗艺精湛。与李白并称为"李杜"（有时候也称为"大李杜"，以区别于"小李杜"）。

唐朝伟大的现实主义诗人杜甫，一生中创作了3000多首思想性、艺术性很高的诗篇。在创作这3000多首诗篇的过程中，他以"语不惊人死不休"的态度，始终坚持一丝不苟。一首诗写完后，他常常苦思、苦吟，从内容到字句反复修改，一直到自己满意为止。

760年初夏的一天，杜甫和妻子杨氏在刚刚落成的草堂前闲坐，近望清澈见底的浣花溪、红莲放香的百花潭，远眺终年积雪的西岭，杜甫不禁心旷神怡，便和妻子讨论起诗来。杨氏一见奔波半生的丈夫有了安身立命之处，心情很好，便高兴地对丈夫说："你写了这么多诗，我不能全部记住，但其中一些好的诗句，却令人永记不忘。"

杜甫一听，甚是高兴，便对妻子说："哪些是好的诗句，不妨说说你的高见！"

杨氏说："好！我就把我的意见说给你这位大诗人听听。如写木皮岭的一首中有四句，'远山争辅佐，千岩自崩奔，始知五岳外，别有他山尊'。你这首诗，要写木皮岭的高峻，但不直写其高，而是用远处的群山来衬托，说它们像臣子争着辅佐帝王一样，自动跪倒在木皮岭面前。接下来说，这才知道除了五岳之外，还有木皮岭更加高大。四句之中，前两句用人来比，后两句用山来喻，富有变化，避免了雷同。一个'尊'字，用得极妙，不但显示了木皮岭的高大，而且显示了它的尊严，也同上面的'争辅佐''自崩奔'照应得非常紧密……"

杜甫听到妻子分析得这般清晰、透彻，不由得心花怒放。他感到自己的匠心没有白费，也决心以"语不惊人死不休"的态度写好今后的诗篇。果然，在他后半生的诗篇中，珠玑之字、光彩之笔，比比皆是。

当时有个叫陈从易的人，偶然得到了一本《杜甫诗集》的旧本子，其中《送蔡都尉》一首中有两句："身轻一鸟……枪急万人呼。"鸟后面少了一个字。他便约来许多朋友，请大家补上这个字。众朋友经过认真的思索，有的说补一个"疾"字，有的说补一个"落"字，有的说补个"起"字，有的说补个"下"字。大家吟咏再三，都认为这四个字均不恰当。

后来，陈从易又找来一本《杜甫诗集》，翻开一看，原来杜甫用的是"过"字。陈从易和他的朋友不由得惊叹杜甫用字的匠心和功力。原来，诗中描写了一位骁勇的武将驰马战斗的形象，他那勇猛轻捷的身影，好像碧空中倏然掠过的一只轻鸟。这个"过"字，给人一闪而过的印象，与下句的"枪急万人呼"正好相应。对比之下，用"疾"太露，用"下"太笨，用"起""落"又太死，只有用"过"才恰如其分。

"为人性僻耽佳句，语不惊人死不休。"杜甫之所以在诗中能写出这么惊人的语句，在于他"读书破万卷"的深厚基础，在于他"下笔如有神"的文字功力，更在于他殚精竭虑追求艺术的精益求精的精神。

杜甫的经历和诗歌创作的四个时期

一、读书和漫游时期（35岁以前），所谓"放荡齐赵间，裘马颇清狂"。

二、困居长安时期（35—44岁），"朝扣富儿门，暮随肥马尘，残杯与冷炙，到处潜悲辛"。

三、陷贼和为官时期（45—48岁），"安史之乱"爆发，潼关失守，杜甫把家安置在鄜州，独自去投肃宗，中途被安史叛军俘获，押到长安。

四、西南漂泊时期（48—58岁），"无边落木萧萧下，不尽长江滚滚来"。随着九节度官军在相州大败和关辅饥荒，杜甫弃官，携家随人们逃难，经秦州、同谷等地，到了成都，过了一段比较安定的生活。

杜甫与其"三吏""三别"

"三吏""三别"分别为《新安吏》《石壕吏》《潼关吏》《新婚别》《垂老别》《无家别》，是诗人杜甫的现实主义诗歌的杰作。

"三吏"和"三别"真实地描写了特定环境下的县吏、关吏、老妇、老翁、新娘、征夫等人的思想、感情、行动、语言等，生动地反映了那个时期的社会现实和广大劳动人民深重的灾难和痛苦，展示给世人一幕幕凄惨的人生悲剧。

　　在这些人生苦难的描述中，一方面，诗人对饱受苦难的人民寄予了深深的同情，对官吏给予人民的奴役和迫害深恶痛绝；另一方面，他又拥护王朝的平乱战争，希望人民能够忍受苦难，与王朝合作平定叛乱。这种复杂、矛盾的心情，是符合特定条件下诗人忧国忧民的思想面貌的。

杜荀鹤呕心沥血炼诗句

杜荀鹤（846—904），唐代诗人，字彦之，号九华山人，池州石埭（今安徽石台县）人。出身寒微。曾数次上长安应考，不第还山。杜荀鹤才华横溢，仕途坎坷，终未酬志，而在诗坛却享有盛名，自成一家，擅长于宫词。因长期置身于九华山怀抱，吟咏九华山面貌的诗篇甚多，具有鲜明的时代色彩。杜荀鹤是晚唐著名的现实主义诗人。他提倡诗歌要继承风雅传统，反对浮华。其诗作平易自然、朴实明畅、清新秀逸。

唐朝末年，池州石埭（今安徽省石台县）出了一个很有成就的诗人——杜荀鹤。他的诗篇广泛地反映了唐末社会的黑暗和人民的苦难，语言浅显通俗、平易委婉，具有较高的艺术造诣。然而，在这如话家常的诗中，除浸透了诗人对人民群众的深刻同情外，还浸透了诗人一丝不苟的"求精"精神。

杜荀鹤自幼对诗非常喜爱，他曾经说过："世间何事好，最好莫过诗。"因此，尽管当时兵祸连连，干戈扰攘，诗人颠沛流离，但他始终把整个身心投入到了诗歌创作中，在艰苦的动乱生活中始终没有放弃自己酷爱的文学艺术。

杜荀鹤出身寒微，家中产业不多。但他为了学习，充实自己的知识，咬着牙"卖却屋边三亩地，添成窗下一床书"。有些书，即使有钱也难以买到，他就借来在如豆的灯光下抄写，以致鬓发早白，视力急剧下降。对此，他却毫不后悔地说："鬓白只应秋练句，眼昏多为夜抄书。"

在诗歌创作中，杜荀鹤十分注意观察生活，捕捉形象，锤炼句子。由于精力都集中在诗歌上，家中生计无暇过问，生活曾遇到较大的困难。他却不无自豪地说："非为营生拙，皆因觅句忙。"

杜荀鹤写诗，真正达到了忘我的地步。无论条件怎么恶劣，他都不忘构思他的诗篇。一次，在战乱的颠沛流离中，别人逃命犹恐不及，他却不顾自身的安危和痛苦，及时写下了在战乱后碰到的一个农村老人的遭遇："八十衰翁住破村，村中何事不伤魂。因供寨木无桑柘，为点乡兵绝子孙。还似平宁征赋税，未尝州县略安存。至今鸡犬皆星散，自落前山独倚门。"

还有一次，杜荀鹤住在客店中，正值隆冬，地冻天寒，夜空寂静，孤月凄冷，寒风嗖嗖，穿隙而入。他辗转反侧，无法入睡，于是便捡来一些枯叶，一边在墙根下取暖，一边又吟起诗来。

为了使诗歌具有较高的艺术性，杜荀鹤无时不在呕心沥血地锤炼诗句。所以，在他的诗篇中，名作佳句俯拾皆是。写战争，他有"戍抽三急号，探马一条尘"；写景色，他有"风暖鸟声碎，日高花影重"；写人民的痛苦，他有"去岁曾经此县城，县民无口不冤声。今来县官加朱绂，便是生灵血染成"！

杜荀鹤执著地追求事业的成就，过早地耗尽了心力，以致未老先衰，面容消瘦，鬓发苍白。但是，他却并未因此止步不前，而是豪迈地写道："典尽客衣三尺雪，练精诗句一头霜。"意思是说，为了诗歌事业，在三尺深雪中，我可以卖尽自己身上的衣服；为了锤炼精当的诗句，我又何惧须发皆白。

■故事感悟

杜荀鹤为求诗歌的精练，耐得半宵寒。这种精益求精的精神，为后人所感动，值得每一个人学习。

■史海撷英

杜荀鹤"苦求为官"

有一年，杜荀鹤到大梁（今河南开封）游览，向朱温献了《时世行》十首，希望朱温能省徭役，薄赋敛，但却不合朱温的意愿。后来，杜荀鹤旅寄僧寺中，朱温部下敬翔劝说他"稍削古风，即可进身"。因此，杜荀鹤上《颂德诗》三十首取悦朱温（《鉴诚录》）。之后，他在大梁住了几个月，进退两难，但终于还是见到了朱温。

然而，朱温专横残暴，杀人不眨眼，是个有名的"屠夫皇帝"，人们都把他比成虎豹豺狼。身边的人如果稍微违背了他的意愿，朱温立刻就会杀了他们。杜荀鹤对朱温简直是惊惧成病，因此当官没多长时间，就离开了人世。

■文苑拾萃

唐末诗歌流派

唐末诗歌，大致有三大流派：一是以艳丽著称的"温李派"，以韩偓为代表；二是以寒瘦苦吟为主的"贾岛派"，以李洞等为代表；三是着重反映社会现实、民生疾苦，继承元白"新乐府"衣钵的，以皮日休等为代表。

反复"推敲"贾岛诗

贾岛（779—843），唐代诗人。字阆仙，一作浪仙。早年贫寒，落发为僧，法名无本。曾居房山石峪口石村，遗有贾岛庵。19岁云游，结识孟郊、韩愈等。还俗后，屡举进士不第。唐文宗时任长江主簿，故被称为"贾长江"。其诗精于雕琢，喜写荒凉、枯寂之境，多凄苦情味，自谓"两句三年得，一吟双泪流"。有《长江集》10卷，录诗370余首。另有小集3卷、《诗格》1卷传世。

贾岛酷爱吟诗，常常为构思佳句而忘乎所以，"虽行坐寝食，苦吟不辍"。贾岛也因此被视为唐代苦吟派诗人的代表。

什么叫苦吟派呢？就是为了一句诗或是诗中的一个词，不惜耗费心血，花费工夫。贾岛曾用几年时间作了一首诗。诗成之后，他热泪横流，不仅仅是高兴，也是心疼自己。然而，当时的他并不是每作一首都这么费劲，如果那样，他就成不了诗人了。

有一次，贾岛骑驴闯了官道。他正琢磨着一句诗，名叫《题李凝幽居》。全诗如下："闲居少邻并，草径入荒园。鸟宿池边树，僧推月下门。过桥分野色，移石动云根。暂去还来此，幽期不负言。"

但他有一处拿不定主意，那就是觉得第二句中的"鸟宿池边树，僧推月下门"中的"推"应换成"敲"。可他又觉得"敲"也有点儿不太合适，不如"推"好。不知是"敲"好还是"推"好，嘴里就边"推敲"边念叨着。不知不觉，他就骑着毛驴闯进了大官韩愈的仪仗队里。

韩愈问贾岛为什么闯进自己的仪仗队。贾岛就把自己作的那首诗念给韩愈听，并把其中一句拿不定主意是用"推"好，还是用"敲"好的事也说了一遍。韩愈听了，对贾岛说："我看还是用'敲'好，即使是在夜深人静拜访友人，敲门代表你是一个有礼貌的人！而且一个'敲'字，使夜静更深之时多了几分声响。再说，读起来也响亮些。"贾岛听了连连点头称赞。他这回不但没受处罚，还和韩愈交上了朋友。

■故事感悟

贾岛严谨的创作态度，一丝不苟的钻研精神，正是其关注细节的最好表现。我们现在常用的"推敲"一词就是从这个故事而来。

■史海撷英

尘缘未绝说贾岛

贾岛是个半俗半僧的诗人。在文场失意后，他便去当了和尚，法号无本。

所谓"无本"，也就是无根无蒂、空虚寂灭的意思。由此看来，贾岛是要一辈子念佛的。但是，后来贾岛与韩愈相识，便执弟子之礼，在韩愈的劝说下，还俗应举，中了进士。

精益求精 □

为僧难免思俗，入俗难弃禅心。"发狂吟如哭，愁来坐似禅。"（姚合《寄贾岛》）贾岛的俗味很浓，僧味也不淡。他也正是在这双重的性格当中度过自己的一生。

□文苑拾萃

送崔约秀才

（唐）贾岛

归宁仿佛三千里，月向船窗见几宵。
野鼠独偷高树果，前山渐见短禾苗。
更深栅锁淮波疾，苇动风生雨气遥。
重入石头城下寺，南朝杉老未干燋。

"草圣"观舞剑得真谛

张旭(生卒年不详),字伯高,与李白、贺知章等人共列"饮中八仙"之一。唐文宗曾下诏,以李白的诗歌、裴旻的剑舞、张旭的草书为"三绝"。又工诗,与贺知章、张若虚、包融号称"吴中四士"。他的传世书迹有《肚痛帖》《古诗四帖》等。

"昔有佳人公孙氏,一舞剑器动四方。观者如山色沮丧,天地为之久低昂。"这是唐代著名诗人杜甫的《观公孙大娘弟子舞剑器行并序》中对公孙大娘剑舞的描写。公孙大娘是唐代"开元盛世"时的宫廷第一舞人。善舞剑器,舞姿惊动天下,以舞《剑器》而闻名于世。她在民间献艺,观者如山。后来,她应邀到宫廷表演,无人能及。她在继承传统剑舞的基础上,创造了多种《剑器》舞,如《西河剑器》《剑器浑脱》等。

唐朝时期,出了一位"挥毫落纸如云烟"的草书大师张旭。张旭早年的书法,师承晋朝王羲之、王献之,楷书端正严谨,行书流逸飘洒,在当时书坛上已享有盛名。但是张旭并不满足于自己的成就。他整日思考的是如何摆脱古人的传统,用书法来表现自己奔放的个性,抒发自己广阔的胸怀。

有一次，张旭在一条小路上偶然遇到两个挑担的壮汉争吵。你推我顶，犹如打太极拳之势。他不禁忘掉了一切，呆呆地看了一阵，从中悟出草书往返曲折的笔势。

又有一次，张旭偶然听到乐队吹奏的抑扬顿挫、激荡回旋的乐章，又不禁深深地沉醉其中，从中联想到草书轻重疾徐的笔意。

最有意思的一次是，张旭观公孙大娘舞剑。在张旭的眼中，公孙大娘那绮丽的舞姿，同书法也能触类旁通。在整个表演过程中，张旭一边目不转睛地细致观察公孙大娘每一个细微的动作，一边冥思苦想草书的真谛。从公孙大娘那变幻多端、刚柔一体的体形动作中，他悟出了草书之形；从公孙大娘那势如雷霆、气贯长虹的舞蹈气势中，他悟出了草书之势；从公孙大娘那潇洒利索、出神入化的舞蹈技艺中，他悟出了草书之意；从公孙大娘那剑随心欲、心剑一体的舞蹈艺境中，他悟出了草书之神。

当别人在那里为公孙大娘炉火纯青的舞剑技艺欢呼、惊喜之时，张旭却像呆了一般，脑海中充盈了公孙大娘舞剑的神韵仙姿。回到家中，他仍然如醉如痴地思考如何吸收公孙大娘舞剑的神韵，来完善他醉心的草书艺术。终于，他大彻大悟：公孙大娘并不是单纯的技巧表演，而是把全部激情融入了舞剑之中，才舞得如此矫若游龙、翩若惊鸿，形神兼备，撼人心魄。草书亦是如此，只具其形，不具其神，只能是点画的堆积，而不是艺术珍品。

悟到了草书的真谛后，张旭的字有了质的飞跃。在他的笔下，落笔势如奔马，行笔龙蛇蜿蜒，字体变化多姿，笔势连绵不绝，整篇上下贯通、刚柔相济、气势磅礴、喜怒哀乐之神韵均在其中。假如碰到令他激动不已的主题，他甚至会手执毛笔，情不自禁地在旁边跳来跳去，大呼大叫，精神完全沉浸在忘我的创作境界，然后铺纸挥毫，一气呵成。有一次，连"疾书"也无法表达他那难以宣泄的激情，他竟用头蘸上墨汁，在纸上"写"了起来。

正因为张旭对自己喜爱的艺术如醉如痴的追求，所以他在草书上的造诣登上了前无古人的高峰，成为中国书法史上的"草圣"。

■故事感悟

每次看了公孙大娘的剑舞，张旭都会沉浸其中，回悟良久，最后从剑舞中得出书法的真谛。其实，精益求精不只是一种明确的目标，还是一种朴素的价值观，忘我投入的志趣，认真负责的态度，从事自己的主导活动时表现出的个人品质。

■史海撷英

饮中八仙

"饮中八仙"是指唐朝嗜酒的八位文人墨客，也被称为"酒中八仙"或"醉八仙"。《新唐书·李白传》中所载：李白、贺知章、李适之、汝阳王李进、崔宗之、苏晋、张旭、焦遂为"酒中八仙人"。

一仙是指贺知章：知章骑马似乘船，眼花落井水底眠。

二仙是指汝阳王李进：汝阳三斗始朝天，道逢曲车口流涎，恨不移封向酒泉。

三仙是指李适之：左相日兴费万钱，饮如长鲸吸百川，衔杯乐圣称避贤。

四仙是指崔宗之：宗之潇洒美少年，举觞白眼望青天，皎如玉树临风前。

五仙是指苏晋：苏晋长斋绣佛前，醉中往往爱逃禅。

六仙是指李白：李白斗酒诗百篇，长安市上酒家眠。天子呼来不上船，自言臣是酒中仙。

七仙是指张旭：张旭三杯草圣传，脱帽露顶王公前，挥毫落纸如云烟。

八仙是指焦遂：焦遂五斗方卓然，高谈阔论惊四筵。

□文苑拾萃

草 书

草书为汉字的一种书体，特点是结构简省、笔画连绵。

草书形成于汉代，是为书写简便而在隶书的基础上演变而来的，有章草、今草、狂草之分。

章草的笔画省变而有章法可循，代表作如三国吴皇象《急就章》的松江本。

今草已经不拘章法，笔势流畅，代表作如晋代王羲之《初月》《得示》等帖。

狂草则出现在唐代时期，以张旭、怀素为代表，笔势狂放不羁，成为完全脱离实用的艺术创作。代表作如唐代张旭《肚痛》等帖和怀素《自叙帖》，都是现存的珍品。

春风又"绿"江南岸

王安石（1021—1086），字介甫，号半山，封荆国公。临川人（今江西省抚州市人）。北宋杰出的政治家、思想家、文学家、改革家，唐宋八大家之一。有《王临川集》《临川集拾遗》等存世。官至宰相，主张改革变法。诗作《元日》《梅花》等最为著名。

王安石做官时实行变法改革，历经磨难。晚年在钟山定居，江南明媚的湖光山色抚慰了他劳累困顿的心。他寄情于山水之间，写了许多歌咏江南青山、绿水美景的名篇佳作。

后来，朝廷又招他去京城做官。他怀着眷恋的心情乘船渡过了长江，来到瓜洲。船停下了，回首望去，依稀可见长江对岸的京口（今镇江市）。啊，钟山只不过在数重山之外，但是却可望而不可即了！王安石怅然，情不自禁，写下了一首《泊船瓜洲》：

京口瓜洲一水间，钟山只隔数重山。

春风又到江南岸，明月何时照我还？

写完，他拿起朗读一遍，圈去"到"，在旁边注上"不好"二字。于是闭目吟哦，提笔写下"过"字。又读一遍，还觉不妥，改为"入"。"春风又入江南岸"——"又入江南岸"？王安石摇了摇头，江南的春风不是这样凌厉的。他圈去了"入"字，撂下笔，长叹了一声，走出船舱。

滔滔的江水拍击着船舷，滚滚的思绪充溢在胸间。王安石遥望江南，忽然想到何不换成"满"字。他急进船舱，提笔把诗的第三句改为"春风又满江南岸"。他一边写一边读，刚写完，立刻又把"满"字圈去了。是啊，江南要是"满"春风了，还有什么韵味，还有什么魅力可言呢？再说，春风是不见踪影的，用"满"来形容春风也不确切。

王安石反复修改，换了十几个字，总是不满意。直到想出了"绿"字，这首诗才算完成。春风无迹可寻，但春风一至，江南倏忽绿了，那么突然，又那么自然。"绿"字描绘了江南春风的气韵，引出下句"明月何时照我还"。情和景，和谐地融合在一起了。

于是，"春风又绿江南岸"成为文学史上的名句。王安石千锤百炼炼字炼意，也成为文学史上的佳话。

■故事感悟

王安石不畏辛苦，绞尽脑汁，充分体现了他为创作出好的文学作品所付出的不懈努力。他的这种追求完美、精益求精的精神是我们后人学习的榜样。

■史海撷英

王安石变法

熙宁二年（1069年），王安石出任参知政事。次年，又升任为宰相，于是王安石便开始大力推行改革，进行变法。

王安石明确地提出，理财是宰相要管的头等大事，阐释了政事和理财的关系。他还认为，只有在发展生产的基础上，才能解决好国家的财政问题。

执政后，王安石便继续实施他的这一见解。在改革中，他将发展生产的任务摆在头等重要的位置上。王安石虽强调国家政权在改革中的领导作用，但他却不赞成国家过多地干预社会生产和经济生活，反对搞过多的专利征榷，而是提出和坚持"榷法不宜太多"的主张和做法。

王安石带领的变法派制订和实施了一系列的新法，从农业到手工业、商业，从乡村到城市，展开了广泛的社会改革。与此同时，以王安石为首的变法派还积极改革军事制度，以提高军队的素质和战斗力，强化对广大农村的控制。为培养更多的社会需要的人才，他还对科举、学校教育制度等进行了改革。

然而，变法却触犯了大地主、大官僚的利益。两宫太后、皇亲国戚和保守派士大夫联合起来共同反对变法。因此，熙宁七年（1074年），王安石第一次被罢相。次年复拜相。

然而，复相后的王安石因得不到更多的支持，不能将改革继续推行下去，便于熙宁九年（1076年）第二次辞去宰相职务，从此闲居江宁府。

宋哲宗元祐元年（1086年），保守派得势，此前实施的新法都被废除。不久，王安石便病逝了。

萧显题匾天下第一关

萧显(1431—1506)，字文明，号履庵、海钓，祖籍江西龙泉（今浙江省龙泉县），后其家移居直隶山海卫，即现在的河北省秦皇岛市山海关。

去过山海关的人都会对巍然屹立的雄关上的"天下第一关"五个大字留下难以磨灭的印象。

当时山海关"镇东"城楼已经修好百年之久，但一直没有与之相称的匾额。明朝成化皇帝朱见深亲笔诏旨，要在山海关东门城楼上悬挂一块题为"天下第一关"的匾额，一来可以为山川日月增辉，二来也可以为大明帝国壮威。

明朝宪宗成化八年（1472年），镇守山海关的兵部主事奉旨邀请全国名手为山海关题写匾额，书写"天下第一关"五个大字。应邀来写匾的人很多，但写出来的字，朝那三丈多高的城楼上一挂，不是显得纤弱、轻浮，就是笔锋呆板、累赘。兵部主事都不大满意。

这时，有人建议兵部主事请本地两榜进士萧显来写。兵部主事早就听说萧显的书法很有功力，但也听说此人架子很大，从不轻易下笔。因此，开始没有邀请萧显。可是，眼下又无第二人可求，兵部主事只好带着厚礼去求萧显。

萧显笑笑说："我乃赋闲之人，不过练笔养生，实难担此重任。"

兵部主事听到萧显婉言谢绝的话，躬身揖礼说："萧大人，您是德高望重的清官，又是远近闻名的写家，书此匾额非您莫属。如果您今天不答应，我就不走！"

萧显沉思了半晌，才勉强应允。但最后提了个条件，说："什么时候写好，什么时候送去，千万不要催促。"

兵部主事心想，一共5个大字，一天一个，5天就足够了，就答应萧显："任凭萧公自由，决不催促。"

没想到，20天过去了，萧显一个字也没送来。兵部主事派人到萧府打听消息，派去的衙役回报说："萧先生还未动笔，每天只是坐在书房里，欣赏历代书法家的墨宝。"

一转眼，又是20天过去了，兵部主事再次派人打听动静。这人回来说："萧先生从早到晚都在背诵'飞流直下三千尺，疑是银河落九天'，'来如雷霆收震怒，罢如江海凝青光'等诗句，还没有动笔的意思。"

兵部主事这回有点儿沉不住气了，忙让手下人备好笔墨纸砚给萧显送去。时间不长，送礼人回来，禀报说："萧大人正在书房里吟诗：大弦嘈嘈如急雨，小弦切切如丝语，嘈嘈切切错杂弹，大珠小珠落玉盘。"

兵部主事追问："萧大人收到'四宝'怎么说的？"

"他看了看礼物说：'回去转告你家大人说，再过一个月就可以写匾了。'"送礼人回答说。

兵部主事又急又气，怎么还要一个月？看来还得等待。

可是事情发生了变化。第二天，兵部主事就收到快马急报，新任葫辽总督三天之后替皇上事先视察悬挂匾额一事。一切事项必须准备停当，不得有误。这下可把兵部主事急出了汗，他命人将巨匾和一坛子墨汁随他同进"围春山庄"萧显的家。

兵部主事见到萧显寒暄几句之后，拱手施礼说："下官今遇急难，务必请萧大人伸手帮助，下官永世不忘。"萧显忙问个究竟，兵部主事就把总督要前来视察之事说完。萧显听罢点了点头，又摇了摇头，说："瓜不熟，蒂难落啊！"

于是，萧显让人把匾靠在墙上，匾下边垫上几块砖。他亲自从书房取来一支如椽之笔，将笔放在墨缸里润得饱满，在匾前轻踱小步，屏心静气，凝神细息，静观默察，犹如思接千载，视通千里；意在笔先，翰逸神飞，拿笔似公孙大娘舞剑。只见他把全身力气灌注到胳膊上，再由胳膊贯通到手腕上，直至笔端，起笔像飞燕掠食，落笔如高山堕石，有快有慢，又稳又准；言不出口，气不盈息，手随意运，笔与手会，努如植槊，勒若横钉；凤鸢戾空，纶常在手；风樯阵马，沉着痛快；一气呵成，入木三分。

兵部主事在一旁看着看着，竟入了迷，心想练武的讲究"身剑合一"，功夫不纯不行，功夫不到也不行。像萧显这样，身随笔行，笔动身移，也是"身笔合一"呀！这下子可真开了眼了。正想到这儿，就听耳旁有人说："献丑了，令兵部见笑。"抬头一看，萧显汗流满面地站在匾前，匾上"天下第一关"五个大字墨迹未干，墨香缕缕，笔道法足，超然旷绝……

兵部主事见此连忙拱手向萧显道谢，祝贺并称赞说："萧大人所题此匾秀处如铁，嫩处如金，朴而自古，拙而自奇，骨重脉和，浑然天成，真不愧为当代书坛巨擘呀！"

萧显听后又摇头又摆手，带着惋惜的神情说："兵部大人过奖了。我本想写得更好些。为了这五个字的形体结构，我先用一个月的时间，精研了前代著名书法家的碑帖墨迹；为了增加腕力，我用一个月时间练习兵器，这两步是做到了。可是我想这匾是要悬挂在山海关这座著名雄关上，字体端正有力是不够的，它必须具有神韵，道伟高古，应该骨在肉中，趣在法外。就是说匾上的字应该突破那块木匾，三尺见方的字挂上去让人们从下边一望，是五尺见方或者更大些，既要力透纸背，又要离纸欲飞……为了达到这种地步，我用诵读古人诗词来开阔胸襟，陶冶性情。可惜呀，这点没能做到！"

兵部主事听了这番话，才明白萧显为什么不肯在短期内写匾的原因了。不过，他对刚写好的五个大字非常满意，连连说："很好很好，依我看此匾定能传之后世，光照千古啊！"

第二天上午辰时，兵部主事率众官兵在东门前的"悦心斋"酒楼盛宴款待萧显。酒过三巡，宾主下楼赏匾。望着箭楼上的新匾，兵部主事和众人都发现"下"字少写了一点。这时，一个士兵气喘吁吁地禀报说，前来替皇上视察匾额的葫辽总督已到城外的欢喜岭了。萧显不慌不忙，胸有成竹。命书童端来墨盆，让人从酒楼找来麻团抹布捆好，浸在墨盆当中。待全部浸透，用二尺见方的棉布包好，用尽平生力气，将墨团向"下"字投去，只听"彭"的一声，再看"下"字一笔不缺。兵部主事和众人惊得目瞪口呆，半晌说不出话来。等大家清醒过来，止不住异口同声地称赞："萧大人真是一掣万钧，巧夺天工啊！"

■故事感悟

萧显为了写好"天下第一关"这五个字，竟准备了两个多月。他研究前人的法帖墨宝，是要把五个字的形体结构摆布好；读古人的诗词，是为了开阔胸襟，涵养气势；耍弄扁担，实际上是锻炼臂力，使他的背笔技艺能运用自如，落笔有神。萧显这种一丝不苟、刻意求精的精神令人由衷敬佩！

土木之变

土木之变又称土木堡之变，发生于明朝正统十四年（1449年）。

是时，蒙古瓦剌部落太师也先的部队以明朝减少赏赐为借口，兵分四路，大举攻明。宦官王振不顾朝臣的反对，鼓励明英宗朱祁镇御驾亲征。

七月，英宗命皇弟郕王朱祁钰留守，自己率军50万亲征，出居庸关。同行的还有英国公张辅、兵部尚书邝野、户部尚书王佐及内阁大学士曹鼐、张益等100多名文武官员。

明军行至土木堡（今河北怀来县东）时，被瓦剌军队追赶上来，明军被团团围住。两军会战，明军全军覆没，王振被部下杀死，明英宗也被瓦剌军所俘虏。

天下第一关——山海关

茫茫大地，关隘无数，敢称"天下第一"的只有地处万里长城龙首的山海关。

"天下第一关"于明代洪武十四年（1381年）矗立在山海关，至今已历经600多年的风吹雨打。岁月悠悠，这块巨大的匾额与巍峨的城楼浑然一体，向世人昭示着中华民族敢为人先的聪明才智和伟大的创造精神。

山海关又称"榆关"，在1990年以前被认为是明长城的东端起点，素有"天下第一关"之称。与万里之外的"天下第一雄关"——嘉峪关遥相呼应，闻名天下。

关公的"青龙偃月刀"刀锋向东，现存放在山海关城楼上，成为山海关的镇关之宝。

施耐庵观虎写《水浒》

施耐庵（1296—1370），原名彦端，字肇瑞，号子安，别号耐庵。江苏兴化白驹场人（一说浙江钱塘人）。元末明初作家。博古通今，才气横溢，举凡群经诸子，词章诗歌、天文、地理、医卜、星象，一切技术无不精通。35岁曾中进士，后弃官归里，闭门著述。与拜他为师的罗贯中一起研究《三国演义》《三遂平妖传》的创作，搜集、整理关于梁山泊宋江等英雄人物的故事，最终写成"四大名著"之一的《水浒传》。

中国古典小说《水浒传》中3次写到了老虎：第1次是解珍、解宝两兄弟猎虎，第2次是黑旋风李逵沂岭杀虎，第3次是景阳岗武松打虎。这3次都把老虎写得栩栩如生。尤其是武松景阳岗打虎一章，更是把那个吊睛白额的老虎写得活灵活现，虎虎而有生气。然而，你可曾知道，作者施耐庵为把老虎写"活"，曾冒着生命危险细致入微地观察老虎的故事吗？

早在施耐庵写作《水浒传》之前，梁山英雄的故事已在民间广泛流传。在写作《水浒传》的过程中，施耐庵为了在小说中突出梁山英雄的神威，他计划在作品中多次写打虎的场面。但是，他本人从来未见过老虎，对老虎的习性、生活及捕食的情形，都是凭传说和想象有一个大概印象，更没有见过猎人打虎的场面。他认为，这样很难写出老虎的凶猛，更难描绘出李逵、武松等打虎英雄的勇敢和威风。

于是，施耐庵放下笔，翻山越岭，在深山老林中走访了众多的猎户，向他们请教老虎的外貌、动作、神态、捕食情况及猎手们和老虎搏斗的情形，获得了大量的第一手资料。然而，下笔之后，施耐庵感到仅靠这些资料来描写老虎还是难以传神。要在作品中写出活的老虎、活的英雄，必须亲自观察，了解老虎的外貌、神态、捕食动作等。

这一天，施耐庵打听到一个老虎经常出没的山林。他便悄悄来到林中，选择了一株大树，顺着树干爬了上去，坐在树枝上，机警地观察着四周，等候老虎的出现。

这时的林中静悄悄的，没有一丝声音。一阵轻风吹过，只有树叶发出"簌簌"的声响。忽然，一只小鹿"嗖"地从眼前窜过。紧接着，随着一声雷鸣般的虎啸，从树丛中跃出一只斑斓猛虎，如箭一般向小鹿扑去。未等施耐庵回过神来，老虎已将小鹿撕扯得皮开肉绽，生吞活剥地吃下肚去。

这密林中刹那间发生的故事，施耐庵看得目瞪口呆。直到老虎去后多时，他才从树上溜下来跑回家中，详细地记下老虎扑食的动作和神态。然后，他又根据记忆中老虎的特征，用纸扎了一个老虎扑食的模型放在书案上揣摩。并且喂养了一只猫，细细观察猫与老虎的相似和不同之处，反复描绘它们的形象。

由于施耐庵掌握了大量的第一手和第二手材料，对老虎的外形、动作、啸声等观察入微、了如指掌。所以，在《水浒传》中，他写到景阳岗打虎时，才将老虎的凶猛写得逼真形象、绘声绘色，从而反衬了武松的英雄本色，令人百读不厌。

□故事感悟

为了让老虎的形象跃然纸上，施耐庵冒着生命危险隐蔽在老虎常出没的地方，细致入微观察老虎的"一举一动"，才成就了文学史上伟大的作品《水浒传》。这种勇于实践、精益求精的精神堪称文学创作的典范。

□史海撷英

"锦衣卫"与东厂

明朝初年，军制比较简单，其基层单位就是"卫"和"所"。每卫辖正规军士约5000人，其下设所，分为千户所和百户所。京城的禁卫军所辖卫、所共为48处。

到了洪武十五年（1382年），朱元璋决定改革禁卫军，从而建立了12个亲军卫，其中最重要的就是"锦衣卫"。

东厂是在明成祖的时候（1420年）设立的。东厂是一个缉捕"叛逆"的特务机关，起初直接受命于明成祖，后来统辖权逐渐转移到宦官的手中。

东厂的"锦衣官校"（特务人员）侦察访缉的范围十分广泛，上自官府，下至民间，处处有他们的踪迹。他们得到消息后，也会立即密报给皇帝。因此，当时事无大小，皇帝都可以知道。在东厂的堂上，还挂着写有"朝廷心腹"的大匾。

中国四大名著开篇词

《三国演义》：

滚滚长江东逝水，浪花淘尽英雄。是非成败转头空。青山依旧在，几度夕阳红。

白发渔樵江渚上，惯看秋月春风。一壶浊酒喜相逢。古今多少事，都付笑谈中。

《红楼梦》：

满纸荒唐言，一把辛酸泪。

都云作者痴，谁解其中味？

《水浒传》：

试看书林隐处，几多俊逸儒流。虚名薄利不关愁，裁冰及剪雪，谈笑看吴钩。评议前王，并后帝，分真伪，占据中州，七雄绕绕乱春秋。兴亡如脆柳，身世类虚舟。见成名无数，图名无数，更有那逃名无数。刹时新月下长川，江湖桑田变古路。讶求鱼橼木，拟穷猿择木，恐伤，弓远之曲木，不如且覆掌中杯，再听取新声曲度。

《西游记》：

混沌未分天地乱，茫茫渺渺无人见。

自从盘古破鸿蒙，开辟从兹清浊辨。

覆载群生仰至仁，发明万物皆成善。

欲知造化会元功，须看《西游释厄传》。

味美价廉的牛肉面

于右任（1879—1964），汉族，陕西三原人，祖籍泾阳。原名伯循，字诱人，而后以"诱人"谐音"右任"为名；别署"骚心""髯翁"，晚年自号"太平老人"。于右任早年系"同盟会"成员，长年在国民政府担任高级官职，同时也是中国近代书法家。

如今，牛肉面已经成为风靡全国的大众美食。它从百姓寻常食品成为名声远播的名吃，是有一个发展过程的。

1915年，甘肃人马保子因家境十分贫寒，迫于生活压力，开始在兰州市的繁华街道沿街挑担叫卖一种自制的食品"热锅子面"。当时，马保子挑着一个担子，担子的一头放着提前拉好、煮好后特意凉好的面条；另一头放着一个小炉子，上面热着牛肉汤，旁边则放着牛肉块、白萝卜、蒜苗等一些辅料。当有客人来吃面时，马保子就拿出担子一头的面，放在另一头一直在小火炖热的汤里回热，然后再放入白萝卜、牛肉块等调料。这样的面食在当时受到了很多人的喜爱。

4年后，马保子靠挑担子卖面赚了些钱。于是，他就开了自己的第一家面店——"马保子牛肉面店"。马保子为了更加精益求精，又开始在牛肉汤中加入羊肝子汤等。这样，牛羊的鲜味和在一起，再将汤澄清，于是就变成了正宗的清汤。

当时的牛肉面所用原材料也都是十分讲究的。据说，马保子当时所用的面粉是来自北山、皋兰等地所产的冬小麦，提取其60%的面粉，揉制成面团。在和面时，淋入温盐水，拌成絮状，再揉和均匀。而蓬灰是用戈壁滩所产的蓬草烧制出来的碱性物质，加到面里，会产生一种特殊的香味，且能使面韧而有筋道。

这种牛肉面不但主料有所讲究，其他各种辅料也丝毫没有马虎。马保子面馆的面条所用的辣子都是当时最好的羊角辣子。像白萝卜、香菜、蒜苗等材料，也都是用天然纯净水、农家肥浇灌的。如此精心加工牛肉面的面馆，所处路段繁华，牛肉面做法考究，味道鲜美独特，营养丰富。所以"马保子牛肉面店"一开张就吸引了许多客人。

解放以后，马保子的儿子马杰三正式继承父业，同时又开了两三家马保子牛肉面馆。而这时，马保子牛肉面在兰州已是相当有名了。但是，牛肉面真正开始被更多的外地人所熟知还是在1946年以后。

1946年6月，国民党元老于右任先生来到兰州，专程品尝了马杰三所做的清汤牛肉面，赞不绝口。回到重庆后，他更是对友人同僚大加宣扬兰州牛肉面的美味。于是，兰州牛肉面顿时身价百倍，驰名于世。

20世纪50年代后，牛肉面日益受到越来越多人的喜爱。而此时的兰州外来人口增多，味美价廉的牛肉面更是成了他们的首选。牛肉面的需求量也开始逐步增多。于是，更多的人也在兰州的一些地方开起了牛肉面馆。

面对激烈的市场竞争，马杰三的经营始终奉行着"以汤销面"的原则。顾客进店吃饭，都会先捧上一碗牛肉汤，放些香菜和芝麻油，喝后令人顿感芳香四溢。没有牛肉原汤时，宁可不做生意，也决不凑合。

改革开放后，各地人口流动量大幅提升，人们的工作效率、生活节奏也明显加快，而牛肉面物美价廉、营养丰富又节省时间，人们对牛肉面的喜爱之情也是更加强烈，全国各地纷纷开起了牛肉面馆。至此，兰州牛肉面已成为中国的第一快餐美食。

■故事感悟

只有精益求精才能化平凡为神奇。如果不了解牛肉面的历史，谁能知道，一碗牛肉面还有这样丰富的发展历程。中华民族的优秀文化就是这样一代一代发展并流传下来的。

■史海撷英

兰州沿革

兰州始建于公元前86年。据史料记载，由于人们初次在这里筑城时挖出了金子，所以便将这座城池取名为金城。还有一种说法是依据"金城汤池"的典故，喻其坚固。

两汉、魏晋时期，曾在此设置金城县。十六国前凉时，又移金城郡治于此。隋开皇三年（583年），隋文帝废郡置州，在此设立兰州总管府，"兰州"之称始见于史册。后来，虽然州、郡数次易名，但兰州的建置沿革基本固定下来，并延续至今。

徐悲鸿画马出神入化

徐悲鸿(1895—1953)，原名徐寿康，生于江苏宜兴市屺亭桥。中国现代美术事业的奠基者，杰出的画家和美术教育家。自幼随父亲徐达章学习诗文书画。1916年入上海复旦大学法文系半工半读，并自修素描。先后留学日、法，游历西欧诸国，观摩研究西方美术。1927年回国，先后任上海南国艺术学院美术系主任、中央大学艺术系教授、北京大学艺术学院院长。1933年起，先后在法国、比利时、意大利、英国、德国、苏联举办中国美术展览和个人画展。抗日战争爆发后，在中国香港、新加坡、印度举办义卖画展，宣传支援抗日。

1931年，在南京中央大学艺术系执教的徐悲鸿，看到国民党政府重用奸臣，排斥贤达，便决定创作一幅《九方皋》以讽刺国民党的黑暗腐败。

《九方皋》取材于《列子》中的一个故事：春秋时代相马名士伯乐有个好朋友名叫九方皋。伯乐认为九方皋相马的本领不比自己差，便将九方皋推荐给秦穆公。秦穆公让九方皋给他挑选一匹千里马。九方皋奔波各地，探求名马。三个月后，终于找到了一匹千里马。他告诉秦穆公，这是一匹黄色的雄马。秦穆公叫人牵来一看，却是一匹黑色的雌马，顿时认为九方皋雌雄不辨，颜色不识，哪里是什么相马的专家，便叫来伯乐责怪。伯乐不以为然，对秦穆公说：九方皋相马，不重外貌而重精神，他选的这匹马肯定是千里马。秦穆公令人骑上一试，果然是天下无双的好马。

徐悲鸿画《九方皋》的主题立意，从表面看是对九方皋"重实际，轻表面"的识马才能的赞扬，实际上却是对国民党政府不识人才的含蓄讽刺。

这幅作品栩栩如生地塑造了九方皋和千里马的形象。画面上，千里马神采奕奕，九方皋发现千里马之后的喜悦心情跃然纸上。遒劲的笔法，酣畅淋漓的墨色，完美的艺术构图，使人看了都不禁拍手叫绝。

在徐悲鸿完成《九方皋》第六稿的时候，他的几个学生到他的画室看画。他们看到墙上画成的《九方皋》和那匹千里马，不禁齐声叫好。但仔细一看，那匹雄骏的千里马腿上，却被墨笔改画了马蹄的动作形态。学生们顿感十分遗憾。徐悲鸿看出了大家的心思，便温和而严肃地说："凡作大画，尤其是有明确主题的人物画，不仅事先的构思、构图要'惨淡经营'，即在创作过程中，如发现有任何不妥之处和新的、好的构思，必须加以改动，以求完美。在这幅画中，我对九方皋和马的形象虽然下了不少功夫，但最近我又发现，提起来的那个马蹄仍有不足之处，而且也感到一人一马虽能表达主题，但显然单调，所以还要增加一般的马夫和马群作为衬托。现在新稿正在创作，这幅旧稿就不必保存了。"

说完，他拿起画笔，走到墙上钉着的大幅宣纸前认真地作起画稿来。

在场的学生们，无一不被徐悲鸿这一丝不苟的治学态度和敬业精神所感动。大家都感到，不仅要跟悲鸿先生学画画，更重要的是跟悲鸿先生学做人。

故事感悟

徐悲鸿在绘画创作上，提倡"尽精微，致广大"；他对中国画，主张"古法之佳者守之，垂绝者继之，不佳者改之，未足者增之，西方绘画之可采者融之"。

马，是徐悲鸿先生一生中最爱描绘的题材。他画的马，无论奔马、立马、走马、饮马、群马，都赋予了充沛的生命力。从徐悲鸿数易相马图不难看出，他在画马上的造诣与其精益求精的精神息息相关。

史海撷英

请砍枯枝朽木

1929年9月，徐悲鸿由蔡元培引荐，就任北平大学艺术学院院长。不久后，徐悲鸿便聘请齐白石为教授。

当时，北平画坛死气沉沉，一些艺人都以摹仿古人为能事，保守势力相当顽固。而木匠出身的齐白石却大胆创新，敢于变革画法。可惜，他的做法却得不到多少响应，北平画坛对他更是一片冷嘲热讽。

当徐悲鸿乘坐着四轮马车来到齐白石家中时，齐白石为徐悲鸿的诚心而感动："我一个星塘老屋拿斧子的木匠，怎敢到高等学府当教授呢？"

"你岂止能教授我徐悲鸿的学生，也能教我徐悲鸿本人啊！"徐悲鸿说，"齐先生，我徐某正要借重您这把斧子，来砍砍北平画坛上的枯枝朽木！"

齐白石"蛙声十里出山泉"

齐白石（1864—1957），湖南湘潭人，20世纪中国画艺术大师，20世纪十大书法家之一，20世纪十大画家之一，世界文化名人。宗族派名纯芝，小名阿芝，名璜，字渭清，号兰亭、濒生，别号白石山人，遂以齐白石名行世；并有齐大、木人、木居士、红豆生、星塘老屋后人、借山翁、借山吟馆主者、寄园、萍翁、寄萍堂主人、龙山社长、三百石印富翁、百树梨花主人等大量笔名与自号。

国画大师齐白石，一生以对艺术一丝不苟的精神、刻意追求画面为最高艺术境界。在他的笔下，不论是花鸟虫鱼，还是日常生活中常见的白菜萝卜，都是那样的新鲜传神、生机勃勃，激荡着生命之歌。到了晚年，在艺术上炉火纯青、出神入化的齐白石，仅用寥寥数笔，就能把动物和植物的形状、动态、质感、重量感等，逼真地表现出来，真正做到了巧夺天工。

有一天，著名作家老舍先生给齐白石出了个题目——"蛙声十里出山泉"，要求白石先生用视觉艺术来表现听觉效果。应当说这是比较困难的，但白石老人慨然答应。之后，他坐在画室里，整整揣摩了两天，然后铺纸挥毫，在洁白的宣纸上画满了水墨青蛙，动的、静的、正面的、侧面的、伏着的、仰着的……千姿百态，栩栩如生，但白石老人仍不满意。

这天晚上，齐白石睡在床上，还在思考着如何画好这幅"蛙声十里出山泉"。想着想着，他忽然翻身下床，大声呼喊家人点灯。在四盏油灯的照耀下，齐白石站在画案前，悬腕提笔，信心百倍地在雪白的宣纸上挥洒。不一会儿，一幅绝妙的画就作成了。

画面上，一道清泉从山间飞泻而下，众多的蝌蚪随波逐流而来。画面上虽没有一只青蛙，但人们似乎透过急流冲激乱石的场景，听到远远传来的蛙声；通过那活蹦乱跳的蝌蚪，看到深山泉流中聒噪的群蛙。这样精心的构思，较含蓄、简洁地突出了"蛙声十里出山泉"的主题。

老舍先生看到这幅画，连连叫绝。当人们听到齐白石构思这幅画的故事后，无不敬佩白石老人精益求精的精神。

■故事感悟

绘画是视觉艺术，在尺幅之上表现"蛙声十里"的听觉形象，是很难的；而且背景是特定的"山泉"，限定通过山泉来表现蛙声十里，这就更难了。虽然很难，却没有难倒齐白石老先生。虽然并没有出现一只鼓腮噪鸣的青蛙，却使人隐隐如闻十里蛙声。齐白石的这幅画确实传神地表现了"蛙声十里出山泉"的意境。他不拘泥于题目所提供的表面形象，而是借助于最富有艺术表现力的事物，给人以无穷的联想。

■史海撷英

衰年变法

齐白石40岁以后，在7年间便五出五归，画风渐变，从而走上了石涛、八大山人的写意花卉一派。后因家乡匪患横行，齐白石被迫背井离乡，孤身避难来到北平。

当时，北平画坛中的多数画家都认为齐白石的绘画笔墨过于"粗野"，因而戏称他的作品是"野狐禅"。后来，齐白石听了陈师曾先生的劝告，改变画风，独创红花墨叶的双色花卉与浓淡几笔的虾、蟹、草虫，时人称为"衰年变法"。

■文苑拾萃

中国绘画史

中国的绘画史可以上溯到原始社会的新石器时代，距今至少有7000余年的历史。最初的中国绘画是画在陶器、地面和岩壁上的，后来逐渐发展到画在墙壁、绢和纸上。使用的基本工具是毛笔和墨以及天然矿物质颜料。

在无数画家不断探索、创新的努力之下，如今的中国绘画已经逐渐形成了鲜明的民族风格和民族气派，并有着自己独立的绘画美学体系。

第二篇

为伊消得人憔悴

商高与勾股定理

商高（生卒年不详），是我国古代的数学家。关于他的生平，历史上的记载很少。他是春秋时周朝人，大约生活于公元前12世纪。商高的数学成就主要是勾股定理和测量术。

在我国古代最早的数学和天文学著作《周髀算经》中，记载着一段周公与商高的对话：

周公问："窃闻乎大夫善数也，请问古者包牺立周天历度。夫天不可阶而升，地不可得尺寸而度，请问数安从出？"

商高回答："数之法，出于圆方。圆出于方，方出于矩。矩出九九八十一。故折矩以为勾广三，股修四，径隅五。既方之外，半之一矩。环而共盘，得成三、四、五。两矩共长二十有五，是谓积矩。故禹之所以治天下者，此数之所生也。"

这就是历史上著名的"周公问数"。

这段对话究竟是什么意思呢？

用今天的话解释是这样的：周公问商高，古代时伏羲是怎样测量天文和历法的？天没有可攀的台阶，地又不能用尺去测量，这些数是从哪儿得出来的呢？

商高回答说：数是根据圆形和方形的数学道理计算出来的。圆来自于方，而方来自于直角三角形。直角三角形是根据乘除法的计算得出来的。将一条线段折三段围成直角三角形，一直角边（勾）为三，另一直角边（股）为四，则斜边（弦）为五。商高的证明是用图来解释的。利用直角三角形三边的三、四、五的关系可知：方盘面积为49，而四个阴影的三角形的面积之和为24，因此正方形的面积为：49-24＝25。这种证明方法比欧几里得的几何原本中的证明更简明易懂。

周公是周武王的弟弟，曾辅佐周武王的儿子执政。而商高是贤才中的杰出人物之一，也是周公的好友。周公在位期间，十分重视发展科学技术，经常虚心地向商高学习科技知识。他曾经请教商高用矩之道（矩是由长与短两条带有刻度的直尺，一端相交成直角相联而成的），商高用六句话简要地概括了这一方法："平矩以正绳，偃矩以望高，履矩以测深，卧矩以知远，环矩以为圆，合矩以为方。"也就是说，把矩放平可以测定水平和垂直方向，把矩立起来能够测量高度，把矩反过来倒竖可测深度，把矩平放可以测定水平距离，将矩环转一周可得圆形，将两矩合起来可得到方形。

商高利用矩作为测量工作，运用相似三角形的原理"测天量地"，把测量学上升到理论，为后来的数学家推广复杂的"测望术"奠定了坚实的基础。

勾股弦的关系和用矩之道是商高的主要成就。商高的年代离我们虽然遥远，但他的科学成就却永远为后人纪念，他是世界上第一位被记载在史册上的数学家。

遥想春秋时期，科学技术极为落后，而商高却能证明出勾股定理，被誉为第一位被载入史册的数学家，这是多么了不起的事情啊！商高对数学的精通也正是源于其自身孜孜不倦的努力！

奴隶制

在西周时期，奴隶制非常盛行。在奴隶当中，出于赏赐或买卖的常称为"臣妾"，来自罪人或战俘的则常称为"隶"。

"臣妾"一词，在周初便已存在。《尚书·费誓》记载的鲁公誓辞中，将臣妾（男女奴隶）与马牛相提并论，均为特定主人的财产，逃跑了也要捉住归还原主，加以隐藏或诱拐的要给予刑罚。

奴隶可以在市场上自由买卖。《周礼·质人》中记载："掌成市之货贿、人民、牛马、兵器、珍异。"其中"人民"的注释为："奴婢也。"在同书《大宰》中即称为"臣妾"。

臣妾是为私家所有的。如智鼎铭中所示，臣妾又可以作为赔偿来互相转让。而自由人作为赔偿，也可以转化为臣妾。他们主要是从事家内的劳动，但也不排除被主人驱使去外面从事生产劳动。

"隶"，据《周礼》中记载有"罪隶"与"四翟之隶"两种。罪隶是由于男女本人被判了罪，或者家人犯罪而从坐的，也称为"奴"。据《周礼·司厉》中记载，罪隶中男的由罪隶之官管理，在各官府中服种种使役；女的则交给舂人、槁人之官，做舂米之类的沉重劳动。四翟之隶据说有蛮、闽、夷、貉的分别，主要从事畜养牛马禽兽以及把守宫舍。这些奴隶都属于官府。

主要在田间承担生产劳动的，是在田野耕耘的庶人。他们的身份表面虽然与臣妾和奴隶不同，但也过着贫困苦难的生活，终身为贵族所使役，地位几乎与奴隶没什么差别。

□文苑拾萃

勾股定理

勾股定理是指在任何一个直角三角形中，两条直角边的平方之和一定等于斜边的平方。

这个定理在中国又被称为"商高定理"，在外国则被称为"毕达哥拉斯定理"。勾股定理是一个基本的几何定理，早在中国商代就由商高发现。据说毕达哥拉斯发现了这个定理后，即斩了百头牛作庆祝，因此又称"百牛定理"。

神医扁鹊悬壶济世

扁鹊（生卒年不详），原姓秦，名越人，又号卢医，中国春秋战国时期名医。勃海郡郑（今河北任丘）人，一说为齐国卢邑（今山东长清区）人。由于他的医术高超，被认为是神医，所以当时的人们借用了上古神话的黄帝时神医"扁鹊"的名号来称呼他。扁鹊奠定了中医学的切脉诊断方法，开启了中医学的先河。相传有名的中医典籍《难经》为扁鹊及其弟子所著。

"扁鹊"是黄帝时期神话传说中的一位精通医术的名医。到了战国时期，有一个著名的民间医生名叫秦越人。由于精通医术而又热心行医，人们便不再称他的姓名，而是尊敬地称他为"扁鹊"了。此外，又把一些前代的其他名医的事迹也都归为扁鹊所为。到了后来，人们往往只知道扁鹊，反倒不知道秦越人是谁了。

扁鹊年轻时，负责给人看管客人住的馆舍。在来往的客人中，有一位经验丰富、医术高明被称作长桑君的民间游医。扁鹊热情真诚地接待他，并谦虚恭敬地向长桑君学习医道、医术十多年。长桑君见扁鹊如此虚心好学，就将自己多年来积累的行医经验和许多秘方全都传给了扁鹊，尤其是通过把脉来确定病人疾病在何处的方法。从此，扁鹊的医术突飞猛进，后来终于成为一代名医。

扁鹊在行医过程中，很注意积累经验。有一次，他在晋国行医时，大臣赵简子已经5天不省人事了，下属官员都焦急万分，便找扁鹊来看病。

扁鹊看了病人后，就对官员们说："病人气色不好，脉理紊乱，看上去就好像死去了一样，这没有什么奇怪的。当年秦穆公也曾这样，但7天之后便苏醒过来。像病人现在这种情况，不出3天也一定会醒来。"果然，赵简子两天半后就醒过来了。

还有一次，扁鹊路过虢国（今山西省平陆县），恰好遇到虢国为太子操办丧事。扁鹊就向了解太子死因的官员询问太子的病情，并问太子是何时死的，是否已入殓。官员回答说："太子是在鸡鸣时死亡的，死亡未过半日，所以还没入殓。"

听完官员讲述了太子的病况，扁鹊说："太子不幸死去，我还能让他活过来。"

太医官们就认为扁鹊这简直就是在胡说，凭什么能让太子死而复生呢？除非天上的神医下凡了。

扁鹊仰天长叹道："你们看病开药方，是以管窥天。我从阴阳的关系上来分析，可以确诊太子只是昏厥，抓紧时间抢救，一定能够使太子起死回生。如果不相信我所说的，你们可以进宫，用耳朵在太子的鼻子处细细地听，太子一定还有断断续续的细微呼吸。太子的两条腿还是温的，太子并没有真的死去，只是暂时的昏厥而已！"

官员们赶紧向虢国国君报告。虢国国君高兴地将扁鹊迎进宫中，对扁鹊说："您的到来是我国的幸运，因为有了您的到来，能使我的儿子重新活过来。要是没有您，我的儿子只能去深山大沟了。"

扁鹊精细地分析了脉理后，让弟子将针磨锋利，先在太子头部和胸部的一些穴位扎针；之后，又在太子的手部、脚部有关穴位上扎了几针，太子居然真的苏醒过来了。又服了二十几天汤药，经扁鹊的精心调理后，太子就完全恢复了健康。

　　经过这件事情后，人们都说扁鹊的医术可以让病人起死回生。扁鹊只是笑笑，说："我哪里有让病人死而复生的本事呢？只是生病的人，自己还没有到病入膏肓、不可救药的程度。我只是利用我所掌握的医术，帮助病人尽快恢复健康。"

　　还有一次，扁鹊行医来到齐国（今山东省境内）。齐桓侯在宫廷中很礼貌地接见了这位当时的名医。接见时，扁鹊对齐桓侯说："您有病在体表，如果不及时医治，您的病将深入肌体。"齐桓侯对他的臣子们说："这个医生真好名利，他想以治疗没有疾病的我来显示自己的医术高明。"

　　过了5天，扁鹊又一次见齐桓侯，对齐桓侯说："您的病现在已经发展到血脉之中了，若还不及时治疗，病情将进一步加深。"

　　齐桓侯很不高兴地说："我什么病也没有。"

　　又过了几天，扁鹊第三次见到齐桓侯时，说："您的病现在已经发展到肠胃之间了。再不及时治疗，病情还会进一步加深的！"

　　齐桓侯听了扁鹊的话，还是一脸阴沉，很不高兴地看着扁鹊。

　　再过了几天，扁鹊第四次去见齐桓侯。当他看到齐桓侯后，扭身便走。齐桓侯感到很奇怪，就急忙派人去追问扁鹊为何一言不发。

　　扁鹊说："病在皮肤表面的时候，只要用热水洗洗泡泡，用热布敷敷就可以了；当疾病发展到血脉之中时，用针灸来治疗，就可以治愈；当疾病发展到内脏时，服用一些汤药和酒醪（即今天的浊酒），还来得及治疗；而现在，齐桓侯的疾病，已经深达骨髓，我已无能为力了。"

没几天，齐桓侯果然病倒了，急忙差人去找扁鹊，可扁鹊早已离开了齐国。就这样，齐桓侯带着遗憾离开了人世。

扁鹊喜欢到处游历，长期在民间行医。一次，他来到邯郸地区的赵国。这里妇女患病人数较多，扁鹊就主治妇科。又有一次，他来到洛阳地区的周国。这里民俗多尊重老人，而老人多是耳目不灵的病症，扁鹊就主治五官科。在咸阳地区的秦国，比较重视小孩，他又主治小儿科。扁鹊的医术全面而精湛，会结合不同地区的特点，医治不同类型的病患。在百姓当中，无论男女老少找他看病，他都会热情、认真、负责地为他们医治，老百姓也十分信任他、热爱他。

扁鹊热心并认真地为百姓治病，名声也越来越高、越来越好。秦国的太医令（管理国家医疗卫生的长官）李醯自知医术不如扁鹊，便满怀嫉妒憎恨之心，竟然派人在扁鹊离开秦国回老家的路上把扁鹊刺杀了。

对于扁鹊的去世，人们感到十分惋惜，老百姓怀念他、敬仰他，尊称他为"医学祖师"。

扁鹊的一生总共收了9个弟子。也正是这9个弟子，才将扁鹊的高明医术流传下来。到了汉代，有人把扁鹊的医疗经验和理论加以收集整理，又加上后人学习的心得体会，著成一部名叫《难经》的作品。

□故事感悟

一个人拥有一定的技能，就应该把它奉献给社会，为人民大众服务。而扁鹊正是这样做的。作为一代名医，扁鹊悬壶济世。他高超的医术也正是凭借着自身孜孜不倦的努力和实践中的观察总结得来的。

扁鹊拜师

扁鹊少年时期，曾在故里做过舍长，也就是旅店的主人。当时，他的旅舍里常住着一位旅客，名叫长桑君。两人过往甚密，感情十分融洽。

有一天，长桑君对扁鹊说："我掌握着一些看病的秘方验方，现在我已年老，想把这些医术及秘方传授予你，你要保守秘密，不可外传。"

扁鹊当即拜长桑君为师，并继承其医术，终于成为一代名医。扁鹊成名后，便周游各国，为人治病。

针灸的起源

针灸术最早见于两千多年前的《黄帝内经》一书当中。《黄帝内经》中记载："藏寒生满病，其治宜灸。"灸指的就是灸术。其中还详细地记载了九针的形制，并大量记述了针灸的理论与技术。两千多年来，针灸疗法一直在中国流行，并传播到世界各地。

而针灸的出现更早。在远古时期，人们偶然被一些尖硬物体，如石头、荆棘等碰撞了身体表面的某个部位时，就会出现意想不到的疼痛减轻的现象。于是，古人开始有意识地用一些尖利的石块来刺身体的某些部位，或者人为地刺破身体使之出血，以减轻病痛。

我国的一些古书上曾多次提到针刺的原始工具是石针，也被称为砭石。这种砭石大约出现于距今8000年到4000年前的新石器时代，相当于氏族公社制度的后期。那时人们已掌握了挖制、磨制技术，能制作出一些比较精致的、适合于刺入身体以治疗疾病的石器。这种石器就是最古老的医疗工具砭石，人们也就是用这种"砭石"刺入身体的某一部位来治疗疾病的。

灸法则产生于火的发现和使用之后。在用火的过程中，人们发现，身体的某个部位的病痛经火的烧灼、烘烤后，就会有所缓解或解除。继而学会用兽皮或树皮包裹烧热的石块、沙土对身体进行局部热熨，逐步发展以点燃树枝或干草烘烤来治疗疾病。

经过长期的摸索，人们选择了易燃且具有温通经脉作用的艾叶作为灸治的主要材料，在体表局部进行温热刺激，从而使灸法和针刺一样，成为防病治病的重要方法。

由于艾叶具有易于燃烧、气味芳香、资源丰富、易于加工贮藏等优点，所以便发展成为现在最主要的灸治原料。

"砭而刺之"逐渐发展为针法，"热而熨之"逐渐发展为灸法，这就是针灸疗法的前身。

宝剑背后的欧冶子

欧冶子（生卒年不详），春秋战国时期越国人，是我国古代铸剑的鼻祖。欧冶子铸造的一系列赫赫有名的青铜名剑，冠绝华夏。在春秋五霸、战国七雄的争霸战争中，显示了无穷威力与摄人心魄的技术魅力。

欧冶子的事迹见于《越绝书·越绝外传记宝剑第十三》。书中记载说，越王勾践有5把宝剑，请善于相剑的人薛烛来为其看剑。

当看"纯钧"（宝剑名）时，越王问，有人想用"有市之乡二、骏马千匹、千户之都二"作交易，行不行？

薛烛回答说："不可。当造此剑之时，赤堇之山，破而出锡；若耶之溪，涸而出铜；雨师扫洒，雷公击橐；蛟龙捧炉，天帝装炭……欧冶子因天之精神，悉其伎巧，造为大刑三、小刑二：一曰湛卢，二曰纯钧，三曰胜邪，四曰鱼肠，五曰巨阙……今赤堇之山已合，若耶之溪深而不测。群神不下，欧冶子即死。虽复倾城量金，珠玉竭河，犹不能得此一物，有市之乡二、骏马千匹、千户之都二，何足言哉！"

上述记载虽然带有传说的成分，但也足见欧氏所铸之剑的精妙绝伦。宝剑所用的原料为铜和锡，显然铸的是青铜剑。

据现代考古发掘报道，在1965年底，考古人员在湖北挖掘出土了越王勾践剑。该剑出土时完好如新，锋刃锐利，剑身满布菱形花纹，用鸟篆刻镂的铭文为"越王鸠浅自作铨"。经北京钢铁学院等用质子X射线荧光非真空技术分析得知，该剑是用相当纯粹的高锡青铜铸成的，黑色花纹处含有锡、铜、铁、铅、硫等成分，铸造工艺非常高超。这一考古发现，也给上述欧氏铸剑的记载提供了一个实物佐证，说明欧冶子铸宝剑的技术并非神话。

另外据《越绝书》记载，欧冶子曾应楚王之邀，与干将（传说与欧冶子同师）一起"凿茨山，泄其溪，取铁英，做成铁剑三枚：一曰龙渊，二曰泰阿，三曰工布（一作工市）"。楚王曾引泰阿之剑大破晋郑王三军。

■故事感悟

欧冶子其名能够流传千古，全在其所造宝剑。古代铁匠无数，为何单欧冶子脱颖而出？无他，精通尔！通过他铸造的宝剑，我们不难想象欧冶子在铸剑背后所付出的常人不能企及的努力。

■史海撷英

楚王见剑

有一次，楚王命令风胡子到越地去寻找欧冶子，请他制造宝剑。于是，欧冶子走遍江南名山大川，寻觅能够出产铁英、寒泉和亮石的地方。因为只有这三种东西都具备了，才能铸制出利剑来。

最后，欧冶子来到龙泉的秦溪山旁，发现在两棵千年松树下面有7口井，排列如北斗，明净如琉璃，冷彻入骨髓，实乃上等寒泉，就凿池储水，即成剑池。

欧冶子又在茨山下采得铁英，拿来炼铁铸剑，就以这池里的水淬火，铸成剑坯。可是，却没有好的亮石用来磨剑，欧冶子又跋山涉水，千寻万觅，终于在秦溪山附近一个山岙里找到了亮石坑。他发现这个坑里有丝丝寒气，阴森逼人，知道其中必有异物。于是焚香沐浴，素斋三日，然后跳入坑洞，取出来一块坚利的亮石，用剑池的水慢慢磨制宝剑。

用了两年的时间，欧冶子终于铸成了3把利剑，分别为"龙渊""泰阿"和"工布"。这些宝剑弯转起来，围在腰间，简直就像腰带；一松开，剑身便自动弹开，笔挺笔直；若向上空抛一方手帕，从宝剑锋口徐徐落下，手帕即可一分为二。

楚王见到剑后，十分高兴，便赐此宝地为"剑池湖"。

唐乾元二年（759年），此地置县，并以其中的一把宝剑为县名，称为"龙渊县"。因避唐高祖名讳"渊"字，便改为"龙泉"，并一直叫到今天。为了纪念龙泉宝剑鼻祖欧冶子，后人还在剑池湖建造了"剑池亭"和"欧冶子将军庙"，成了千年古迹。

■文苑拾萃

冷兵器

狭义上的冷兵器，是指不带火药、炸药或其他燃烧物，在战斗中直接杀伤敌人、保护自己的近战武器装备；而广义上的冷兵器，则指冷兵器时代所有的作战装备。

冷兵器的发展曾经历了石器时代、青铜时代和铁器时代3个阶段。按材质分，冷兵器可以分为石、骨、蚌、竹、木、皮革、青铜、钢铁等兵器；按用途分，可分为进攻性兵器和防护装具，进攻性兵器又可分为格斗、远射和卫体三类；按作战方式分，可分为步战兵器、车战兵器、骑战兵器、水战兵器和攻守城器械等；按结构形制分，可分为短兵器、长兵器、抛射兵器、系兵器、护体装具、战车、战船等。

火器时代开始后，冷兵器便不再是作战的主要兵器。但由于具有特殊作用，所以一直延用至今。

世界各国、各地冷兵器的发展过程各有特点，但基本都可以归纳为石木兵器时代、铜兵器时代、铁兵器时代和冷兵器、火器并用时代。其中，石木兵器时代延续的时间最长。

古代农学家赵过

赵过（生卒年不详），西汉农学家。为中国早期的农业生产作出了巨大的贡献。因为他的农业改进，使许多的农民在一定程度上减轻了负担。中国作为一个人口、农业大国，赵过在中国农业史上的贡献是巨大的。

大约在汉武帝征和四年（公元前89年），赵过被任命为搜粟都尉。《汉书·食货志》中，记载了有关赵过在农业生产动力、技术和工具3个方面的创造和贡献。

"过能为代田，一亩三甽。岁代处，故曰代田。古法也。"这段记载扼要地说明了代田的由来和特点。

所谓"古法"，就是指春秋战国时期盛行的"畎亩法"。《国语·周语》韦昭注："下曰畎，高曰亩。亩，垄也。""一亩三甽"，就是在一亩地里作三条沟、三条垄。"岁代处"指的是沟和垄的位置每年互换。清代程瑶田《沟洫疆理小记》说："代田者，更易播种之名。甽播则垄休，岁岁易之，以畎代垄，以垄处畎，故曰岁代处也。"这可使土地部分利用和休闲轮番交替，在肥料不足的情况下使地力能得到自然恢复和增进。其栽培管理也比"畎亩法"有很大改进。"播种于甽中。苗生叶以上，稍耨垄草，因隤其土以附苗根……苗稍壮，每耨则附根，比盛暑，垄尽而根深，能风与旱。"

我国北方黄河流域旱农地区，常年雨水稀少，尤其是春旱多风。而沟里可以保持住一定的温度和水分，将种子播种在内，有利于出苗。幼苗出土后，在沟里也可以减少叶面的水分蒸发，使幼苗可以健壮生长。中耕锄草时，将垄上的土培壅在作物根部，直至垄平为止。这样作物根部深下，可以吸收到更多的水分，还可耐风、耐旱和抗倒伏。

因此，代田的增产效果显著，"用力少而得谷多""一岁之收，常过缦田亩一斛以上，善者倍之"。

赵过所掌握的代田法，是从前辈农民那里学来，然后自己又加以改进和提高的。他推广代田法时，组织工作做得很细致，有计划、有步骤。

首先，在"离宫"（正式宫殿之外别筑的宫室）内的空地上做试验，证实这种方法确实要比"旁田"多收一斛以上；其次，他又对县令长、乡村中的"三老""力田"和有经验的老农进行技术培训。"受田器，学耕种养苗状"，再通过他们把新技术逐步推广出去；最后，他先以公田和"命家田"作为重点推广，然后普遍开展。"是后边城、河东、弘农、三辅，太常民皆便代田"。代田法成为黄河流域旱作地区防风抗旱的多种农法之一，不仅对恢复汉武帝末年因征战、兴作，而使用民力过甚，致使凋敝的农村经济起到一定的作用，而且对后世农业技术的发展也产生了深远的影响。

在推广代田法的同时，赵过又大力推广牛耕，并发明了功效高的播种机——耧车，以适应代田整地、中耕和播种的需要。

根据史料记载，我国的牛耕技术虽然起源于商代，但在战国以前一直没有得到发展。到了汉武帝初年，牛耕也只限于富豪之家使用，一般农民仍然以木质或铁质耒耜。

赵过推广的牛耕为"耦""二牛三人"。操作时，二牛挽一犁，二人牵牛，一人扶犁而耕。

东汉时期，这种耕作法快速推广到了辽东地区，开始时也是"两人牵之，一人将之"。在耕地时，一人牵着合了觔的两头牛，后面一人扶着犁中间，一人压犁辕以掌握耕地深度。二牛三人耕作法是牛耕初期时的情形，因为那时的驾驭耕牛技术还不熟练，铁犁构件和功能也都不够完备。

此外，赵过还在总结劳动人民经验并吸收前代播种工具长处的基础上发明了三脚耧车。东汉时期崔寔所著的《政论》中记载："三犁共一牛，一人将之。下种、挽耧，皆取便焉。"三脚耧，即耧车，下有三个开沟器。在播种时，用一头牛拉着耧车，耧脚在平整好的土地上开沟进行条播。由于耧车把开沟、下种、覆盖、埋压等全部播种过程统于一机，一次完工，既灵巧合理，又省工省时，故其效率达到"日种一顷"。三脚耧车系从独脚耧、二脚耧发展而来。独脚耧大约起源于铁质农具比较普遍使用的战国时期。

■故事感悟

在我国农业史上，像赵过这样有独特创造和贡献的高级农业官员是不多见的。赵过作为一个古代的农学家，既能发明出耧车，又对前人经验加以总结，创造出了更加科学的代田法，使农田产量得以提高。这些措施惠及万民，为我国古代农业技术的提高作出了卓越的贡献。

汉武帝时期的大一统措施

汉武帝刚刚即位时，政治形势稳定，国家经济状况也比较好。不过，此时的诸侯国分裂因素依然存在，存在着不小的潜在威胁。所以，汉武帝即位后便继续推行景帝时期的各项政策，同时还采取了一系列强化中央集权的措施。

在政治方面，汉武帝采纳主父偃的建议，颁布"推恩令"，削弱汉初分封的诸侯国势力，加强中央集权，加强监察制度。同时，汉武帝还变古创制，包括收相权、设刺史、立平准均输等重大改革与创制，建立了一套系统完整的政治制度。

在军事方面，汉武帝积极改革兵制，派卫青、霍去病出击匈奴，使北部边郡得以安定；又派张骞出使西域，联络被俘虏的大月氏人，开扩了西北边疆，开通了西汉联系西域以至中亚等地的通道。

在经济方面，汉武帝采取了重农轻商的措施，整顿财政，颁布"算缗""告缗"令，征收商人资产税，大力打击奸商；又采取桑弘羊建议，将冶铁、煮盐收归官营，禁止郡国铸钱，统一铸造五铢钱；设置平准官、均输官，由官府经营运输和贸易，大大增强了国家经济实力。同时兴修水利，移民西北屯田，实行"代田法"，有利于农业生产的发展。在经济方面还有一条重要的举措，就是将当时的货币进行统一。

在思想方面，汉武帝采纳了董仲舒的建议，"罢黜百家，独尊儒术"，从而使儒家学说成为中国封建社会的统治思想。大力推行儒学，在长安设太学。自此，儒家学说也成为中国封建统治正统思想，一直延续了两千多年，对后世中国的政治、社会、文化都产生了深远的影响。

耧 车

耧也被称为"耧车""耧犁""耩子",是古代的一种畜力条播机。由西汉时期赵过所制,至今已有两千多年历史。耧由耧架、耧斗、耧腿、耧铲等部分构成。有一腿耧至七腿耧多种,以两腿耧播种较均匀。可用来播大麦、小麦、大豆、高粱等。

西方国家在使用条播机之前,种子都是用手点播的。这是一种极大的浪费,而且要常常将当年收成的一半谷物留作翌年来播种。用于撒播的种子,发芽后长成植株时,都聚集在一起互相争夺水分、阳光和营养。而且还有个不能解决的问题,就是无法锄草。

虽然条播机从来没有传到欧洲,但中东的苏米尔人在3500年前却有过原始的单管种子条播机,只是效率很低。直到我国在公元前2世纪发明的多管种子条播机耧车(后来印度也予以采用)后,人们才在第一次有效地开始播种。这种条播机只需要用一头牛、一匹马或一头骡子来拉,并按可控制的速度将种子播成一条直线。

落下闳辞官一心治学

落下闳（前156—前87），复姓落下，名闳，字长公，巴郡阆中（今四川阆中）人。中国西汉时期的天文学家，太初历的主要创立者。汉武帝时任待诏太史，浑天说创始人之一。曾制造观测星象的浑天仪，创制"太初历"，又称"八十一分律历"，在天文学上有较大的影响。

西汉初期，一直沿用秦代的历法，即颛顼历。至汉武帝元封年间（公元前110—前105年），历经100余年，误差积累已经十分明显，出现了朔晦月见等实际月象超前历谱的现象。另外，按照当时的推算，元封七年（公元前104年）十一月甲子日的夜半，恰逢合朔和冬至，合乎历元要求。于是，太史令司马迁等人便上书汉武帝，建议改历。汉武帝采纳了他们的建议，遂下诏广泛征聘民间天文学家。在同乡谯隆的推荐下，落下闳从四川来到京城长安，参加改历的工作。

落下闳与邓平、唐都等20多人，以及官方的公孙卿、壶遂和司马迁等人，对于改历都各有方案，因此也是相持不下，最后形成了18家不同的历法。经过仔细比较，汉武帝认为落下闳与邓平的历法优于其他

17家，便给予采用，于元封七年颁行，并改元封七年为太初元年，因而新历又被称为太初历。

太初历在施行后，受到了包括司马迁、张寿王等人的反对，张寿王甚至提议改回到殷历。然而究竟新历是好是坏，还要以实测为准。为此，汉武帝组织了一次为期3年的天文观测，同时校验太初历和古六历的数据。结果表明，太初历更符合天象。从此，太初历便站稳了脚跟，而且一直使用了将近200年（公元前104—84年）。为了表彰落下闳的功绩，汉武帝还特授落下闳以侍中之职。然而落下闳却辞而不受，隐居于落亭。

太初历采用夏正，以寅月为岁首，与春种秋收夏忙冬闲的农业节奏合拍，规定以无中气之月为闰月。在24个节气中，位于奇数者，即冬至、大寒、雨水、春分、谷雨、小满、夏至、大暑、处暑、秋分、霜降、小雪，叫做中气。凡阴历月中没有遇到中气的，其后应补一闰月。这种方法显然要比以前的年终置闰法更加合理。

为了满足制历的需要，落下闳曾亲自制造了一架符合浑天观点的观测仪器，即浑仪。据推测，落下闳的浑仪由赤道环和其他几个圆环同心安置构成，直径8尺，有的环固定，有的则可绕转，还附有窥管以供观测。

通过实际天文观测，并参阅历代积累的天文数据，太初历第一次记载了交食周期，为135个朔望月有11.5个食季。即在135个朔望月中太阳通过黄白交点23次，可知1食年＝346.66日，比现代测量值大不到0.04日。循此规律可预报日月食。

太初历所测五星会合周期与现代测定值相比较，误差最大的火星为0.59日；误差最小的水星，相差仅仅0.03日，实属不易。

另外，作为基本数据，落下闳测定的二十八宿赤道距度（赤经差），一直沿用到唐开元十三年（725年），才被一行重新测定的值所取代。

由此可以说，太初历具备了后世历法的主要要素，如二十四节气、朔晦、闰法、五星、交食周期等，从而成为我国现存第一部完整的历法。

出于政治原因，太初历的朔望月数值特意附会了"81"这个数字，这也使其精度反而低于颛顼历。

▇故事感悟

落下闳一心治学，辞官不受，这种为了心中事业不断钻研进取的精神是一般人所不能企及的。他通过孜孜不倦的努力，编制了我国现存第一部完成的历法，为后世的历法工作奠定了基础。

▇史海撷英

落下闳提出浑天说

落下闳是浑天说的创始人之一。经过他改进的赤道式浑天仪，在中国使用了两千多年。

落下闳创制的浑仪（包括浑天仪和浑天象），形象地展示了宇宙的模型。通过长期的观测和科学运算，落下闳用事实论证了浑天说理论和天体运行规律，最终制定出优于其他17种历法的太初历。这是浑天说对盖天说有力的否定。

▇文苑拾萃

二十四节气

二十四节气是我国古代一种用来指导农事的补充历法，形成于春秋战国时期。

　　由于我国的农历是一种"阴阳合历"，既根据太阳也根据月亮的运行规律制定的，因此不能完全反映太阳运行周期。但是，我国又是一个农业社会，农业需要严格了解太阳运行情况，农事完全根据太阳进行。所以，在历法中又加入了单独反映太阳运行周期的"二十四节气"，用作确定闰月的标准。

　　二十四节气能反映季节的变化，指导农事活动，影响着千家万户的衣食住行。二十四节气也是根据太阳在黄道（即地球绕太阳公转的轨道）上的位置来划分的。

华佗精心钻研医术

华佗（145—208），东汉沛国谯（今安徽亳州市）人，字元化，三国时著名医学家。少时曾在外游学，钻研医术而不求仕途。精通内、妇、儿、针灸各科，外科尤为擅长。行医足迹遍及安徽、山东、河南、江苏等地。他曾用"麻沸散"使病人麻醉后施行剖腹手术，是世界医学史上应用全身麻醉进行手术治疗的最早记载。他又仿虎、鹿、熊、猿、鸟等禽兽的动态创作名为"五禽之戏"的体操，教导人们强身健体。后因不服曹操征召被杀，所著医书已佚。今亳州市有"华佗庵"等遗迹。

著名历史小说《三国演义》的第七十五回中，讲述了这样一个故事：

关羽在樊城一战中，右臂被毒箭射中，而且箭毒已渗入骨头，整个右臂已青肿，不能活动。关羽为了不贻误战机，不肯撤至荆州休息。全军将士都为关羽的伤势着急时，有一个医生来到了中军帐前，愿为关羽治病。

这位医生看过伤势之后，决定立刻对关羽的手臂进行手术，可又担心关羽受不了疼痛。关羽笑着说："吾视死如归，有何惧哉？"

于是，关羽喝完几杯酒后，一面与马良下棋，一面伸出右臂让医生进行手术。这个医生用一把锋利的刀将皮肉割开，见到箭毒果真已渗入骨头，就用刀在骨头上刮箭毒，窸窸有声。箭毒刮干净后，敷上药，用线再将皮肉缝好，顺利地结束了手术。又过了些日子，关羽的箭伤果然痊愈了。

后人有诗说：

治病须分内外科，世间妙艺若无多。

神感君及唯关将，圣手能医说华佗。

这位为关羽刮骨疗毒的医生正是生活在东汉末年的名医华佗。

华佗年轻时，曾到徐州游学，是一位精通医学经典著作并且深谙养生之道的书生。他淡泊名利、不求富贵，沛相陈珪曾荐举他做孝廉，太尉黄琬也想召他做官，都被他一一拒绝了。他钻研医术，宁愿在民间做个医生，为百姓解除病痛疾苦。他行医的足迹遍及现在的安徽、山东、江苏、河南等地，深受群众敬爱，享有很高的声誉。

大家知道，在给病人动手术前，麻醉师一般会根据需要对病人进行局部麻醉或全身麻醉。有人以为麻药是近代才有的，其实早在一千七八百年前的中国，著名的外科医生华佗就已经在使用全身麻醉病人的方法了。

前面讲的"关云长刮骨疗毒"的故事，可能有些传说的成分。但史籍《后汉书》中记载，华佗在遇到身体内部发生病变，针灸、吃药都不见效用的患者时，都会先让病人用酒将自制的麻醉药麻沸散和匀服下。过一会儿，病人渐渐醉倒，没有知觉时，他再用刀在患病的部位割开皮肉，患处有脓液或积水，就想办法取出。如果是肠胃的疾病，则先将肠子截断、清洗，去除积聚的脏东西或是其他引起疾病的东西，然后再缝合。涂上他自己配制的药膏，四五天以后伤口就会愈合。再过一个月创伤就会完全平复。

从科学的观点来看，华佗这样做是有道理的，而且他的手术步骤也是真实可靠的。

有一次，一名船夫来找华佗看病。这个船夫的肚子痛得非常厉害。华佗经过诊断后，认为船夫的病出在脾上，而且他的脾脏可能已经烂掉一半了，必须尽早割掉。船夫同意了。

随后，华佗便拿出一包麻沸散，让船夫和在酒里喝下去。过了一会儿，船夫便昏昏沉沉地睡了过去。华佗拿出手术刀，迅速地把船夫的肚皮剖开，看到果然是脾脏烂了一大块。华佗敏捷地把烂了的脾切下来，止了血，又迅速把船夫的肚皮缝合好，在伤口上涂抹了生肌收口的药膏。船夫醒来后，肚子便不再疼痛难忍了。华佗又给船夫开了些药，经过大约一个月左右的服药、调养，船夫的伤口渐渐愈合，肚子也不痛了。

华佗使用的"麻沸散"，就是一种很有效的全身麻醉药，用酒冲服是为了增强麻醉药的效力。

华佗还精通各种医术。在临床诊断方面，他利用观形察色来决定病情的轻重。对生命垂危的病人，他用"虚脱，发绀，浮肿，神志不清，呼吸困难"等词准确描述病人的面容、颜色和行为举止等。

盐渎（今江苏省盐城）有一个名叫严昕的人，嗜酒如命。华佗对他说："从你的脸上我看出了病兆，奉劝你少饮些酒。"可是，严昕对华佗的话却不屑一顾。结果在一次喝完酒后，行车数里，严昕就因为头晕目眩而从车上摔下来，回家便死了。

还有一次，华佗看见一个名叫梅平的军官脸色发青发紫，便断定梅平5日内将会死亡。结果也正如华佗所料。

在针灸学方面，华佗也很有研究。在针刺时，他告诉病人，当感到针刺到病痛之处时，请病人说"扎到了"，他就立即将针抽出。今天中医上的"新针疗法"，其实就是与华佗的针刺治病术一脉相承的。华佗还首先提出在脊椎骨两侧的穴位上扎针治病，直到现在人们还把这些穴位称为"华佗夹脊穴"。华佗还知道，这些穴位治病效果虽然显著，但扎得不好，容易伤着肺，甚至造成生命危险。

有一次，有个名叫徐毅的人请华佗看病。他说昨天请一位医生看病扎针后，结果病情不但没好转，反而还不停地咳嗽。华佗给徐毅把脉后，悄悄告诉他的家人说，那个医生的针可能扎到了徐毅的内脏，没办法救治了。果然，徐毅很快就死了。现在看来，那个医生可能扎伤了徐毅的胸膜，使空气进入胸腔，压迫心和肺，造成"人工气胸"。这靠当时的医疗技术是很难救治的。

在临床治疗方面，华佗精通医道，熟知药性。华佗所开具的药方都是多种选药，而且全凭眼睛和手，不用秤称药。煮好后便给病人饮用，总是药到病除。平时华佗也很注意收集并应用民间的单秘验方，善于采用辨证施治。

华佗在诊脉方面也很有建树。有一次，他为督邮顿子献诊脉时说："虽然你的病看似痊愈了，但身体仍很虚弱，一定要忌房事，否则会暴亡，而且死亡时会吐舌数寸。"督邮不信华佗的话，结果死时果真如华佗所言。

华佗不仅精通麻醉术和医术，还对预防医学和医疗体育也有贡献。有一次，他在书房里读书，看见有个孩子抓着门闩来回荡着玩。由此他想起古书上说的"流水不腐，户枢不蠹"（水长流不止，不会腐败变坏，门的枢纽如果老在转动,就不会被虫蛀蚀)。他认为大多数疾病是因为气血不通而发生的。如果人体也能经常活动,像流水和户枢一样,气血通畅,不淤不塞,也就能保持身体健康,不容易得病了。

华佗认为,懂得锻炼身体是积极预防疾病的有效方法。他参考古时的"导引术",编制了一套练身的拳法——"五禽戏",即仿照虎、鹿之跳跃,猿之敏捷,熊之敦厚,鸟之灵巧。只要打一套五禽戏,全身的关节、筋骨、肌肉就基本上都活动过了。华佗每天早早起床,在庭院里活动,伸伸胳膊,抬抬腿,弯弯腰,扭扭脖子;看书、诊病坐得久了,就站起来活动活动全身。

东汉末年,曹操权势很大。他得了"偏头痛"的病后,就召华佗到河南许昌,为他治偏头痛。华佗经过细心诊断和认真分析,选定穴位扎了几针,就把曹操的偏头痛治好了。为此,曹操就想把华佗留下来专为自己治病。可华佗不愿意在官府里只为他一个人服务,就借口妻子病了,请求回家为妻子治病。曹操答应让他暂时回去,等妻子病好后立刻回来。

华佗一回到家乡,就忙于给百姓看病。曹操派人催了几次,他总推托说妻子的病还没有好。曹操起了疑心,派人去探听虚实。后来,华佗被曹操抓回,却怎么也不肯再给曹操治病了。曹操一怒之下,把华佗投入监牢,并用死来威胁他。华佗还是不屈服。最后,曹操还是将华佗杀害了。直到曹操的儿子仓舒病危时,曹操才懊悔地说:"我后悔杀了华佗,使得我儿子也无法救治。"

华佗临死前一天,把记录自己一生行医经验的几部书拿出来,交给看管他的狱卒,希望这些多年积累的宝贵资料能流传下来。可狱卒胆小怕事,不敢接受。华佗只好眼含泪水,烧掉了这些资料。

华佗的医学著作有《观形察色并三部脉经》1卷,《枕中灸刺经》1

卷,《华佗方》10卷,《华佗内事》5卷,均已散失。但在王叔和的《脉经》和后世《千金要方》《外台秘要》中,都可以看到华佗论脉和诊病的一些方法。

成功需要脚踏实地地勤学苦练。精通即代表了孜孜不倦、勤勤恳恳、勤勉不辍。"业精于勤荒于嬉",对事物精益求精是中华民族的传统美德。正所谓"勤、苦"乃事业精通之本,只有踏着勤学之路,才能像华佗这样对医道无比精通!

名师出高徒

华佗一生收了很多弟子,其中以彭城的樊阿、广陵的吴普和西安的李当之最为著名。为了将医学经验留传于后世,华佗晚年曾精心于医书的撰写,计有《青囊经》《枕中灸刺经》等多部著作,可惜都已失传。

华佗的弟子吴普后来遵照华佗的医术治病,救治了很多人。华佗曾对吴普说,人的身体应该得到运动,只是不应当过度罢了。运动后水谷之气才能消化,血脉环流通畅,病就不会发生。比如转动着的门轴不会腐朽就是这样。因此,以前修仙养道的人常做"气功"之类的锻炼,他们摹仿熊攀挂树枝和鸱鹰转颈顾盼,舒腰展体,活动关节,用来求得延年益寿。华佗还编制了一种锻炼方法,叫做"五禽戏",一叫虎戏,二叫鹿戏,三叫熊戏,四叫猿戏,五叫鸟戏,也可以用来防治疾病。同时可使腿脚轻便利索,用来当作"气功"。身体不舒服时,就起来做其中一戏。流汗浸湿衣服后,接着在上面搽上爽身粉，身体便觉得轻松便捷，腹中便有饥饿感，想吃东西了。

吴普施行这种方法锻炼，一直活到90多岁时，听力和视力都很好，牙齿也完整牢固。

樊阿则精通针疗法。所有的医生都说人体的背部和胸部、内脏之间不可乱扎针，即使下针深度也不能超过四分。可樊阿在用针刺背部穴位时，可深到一二寸，在胸部的巨阙穴可扎进去五六寸，而病往往都能被治好。

樊阿曾向华佗讨教可以服用而且对人体有好处的药方，华佗便把"漆叶青黏散"教给他。药方用漆叶的碎屑1升，青黏碎屑14两。按这个比例配制，说是长期服用此药能打掉三种寄生虫，对五脏有利，使身体轻便，使人的头发不会变白。樊阿遵照华佗的话去做，活到了100多岁。

□文苑拾萃

华 佗 论

（唐）刘禹锡

史称华佗以恃能厌事，为曹公所怒。荀文若请曰："佗术实工，人命系焉，宜议能以宥。"曹公曰："忧天下无此鼠辈邪！" 遂考竟佗。至仓舒病且死，见医不能生，始有悔之之叹。嗟乎！以操之明略见几，然犹轻杀材能如是。文若之智力地望，以的然之理攻之，然犹不能返其恚。执柄者之恚，真可畏诸，亦可慎诸。

原夫史氏之书于册也，是使后之人宽能者之刑，纳贤者之谕，而惩暴者之轻杀。故自恃能至有悔，悉书焉。后之惑者，复用是为口实。悲哉！夫贤能不能无过，苟置于理矣，或必有宽之之请。彼壬人皆曰："忧天下无材邪！"曾不知悔之日，方痛材之不可多也。或必有惜之之叹。彼壬人皆曰："譬彼死矣，将若何？"曾不知悔之日，方痛生之不可再也。可不谓大哀乎？

夫以佗之不宜杀，昭昭然不可言也。独病夫史书之义，是将推此而广耳。吾观自曹魏以来，执死生之柄者，用一恚而杀材能众矣。又乌用书佗之事为？呜呼！前事之不忘，期有劝且惩也。而暴者复借口以快意。孙权则曰："曹孟德杀孔文举矣，孤于虞翻何如？"而孔融亦以应泰山杀孝廉自譬。仲谋近霸者，文举有高名，犹以可惩为故事，矧他人哉？

张仲景苦心研究伤寒病

张仲景（约150—215），东汉末年著名医学家，被称为"医圣"。相传曾举孝廉，做过长沙太守，所以有"张长沙"之称。张仲景广泛收集医方，写出了传世巨著《伤寒杂病论》。此书确立的辨证论治原则，是中医临床的基本原则，是中医的灵魂所在。在方剂学方面，《伤寒杂病论》也作出了巨大贡献，记载了大量有效的方剂。其所确立的六经辨证的治疗原则，受到历代医学家的推崇。这是中国第一部从理论到实践确立辨证论治法则的医学专著，是中国医学史上影响最大的著作之一，也是后世学者研习中医必备的经典著作。

据宋《太平御览·何颙别传》记载，张仲景幼时便聪颖好学，长大后拜同郡张伯祖为师学医，颇有造诣。时人称赞他的医术已超越老师。

汉献帝时，张仲景拜见宫廷官员王仲宣。当时王仲宣20多岁，张仲景从他的气色形体观察，认为他有难治疾病，预言20年后，会发展到眉毛脱落，再半年就会死去。如果立即服用五石汤治疗，疾病还有可能好转。而王仲宣对此却不以为然，虽然接受了药物，却并没有服用。

3日后，张仲景又见到王仲宣，便问他是否服药？王仲宣说已经服了。张仲景经过诊断，指出他并未按医嘱服药，对王仲宣说："君何轻命也！"表示惋惜。

20年后，王仲宣果然眉毛脱落，又过了187天便死去了，与张仲景的预言相符。后世称王仲宣所患的是麻风病，张仲景富于临床经验，故而预言准确。

张仲景生活在战争频繁、疾病流行的年代。据《后汉书·五行志》记载，从汉安帝元初六年（119年）至献帝建安二十二年（217年），在不到100年的时间里，大疫流行了10次。当时诗人曹植曾写过一篇《说疫气》的文章，提到建安二十三年（218年）疠气流行，"家家有僵尸之痛，户户有号泣之哀"。魏文帝曹丕在给吴质的一封信中也说到，当时著名的"建安七子"中的徐干、陈琳、应场、刘桢四人都是因染上传染病而死去的。而张仲景也自称家族200多口，从建安初年（196年）起，不到10年时间，死亡三分之二，其中因伤寒病死去的占十分之七。可见当时疾疫流行的严重程度。

当时，人们对疾病的认识还是错误的。一些患病之家迷信巫神，总是企图用祷告驱走病魔。医生得不到临床的实践机会，所以很少有人专心研究医术，而是终日以主要精力结识豪门，追求荣势。

在这种历史背景下，张仲景深有感触，下决心解决危害人民的疾病问题。

为此，张仲景从阅读《素问》《九卷》《八十一难》《阴阳大论》等前代古籍入手，在"勤求古训、博采众方"的基础上，经过临床实践的验证，最终写成《伤寒杂病论》一书。

古代中医所谓的"伤寒"，与现代医学中所提到的"肠伤寒"是完全不同的概念。古代中医的"伤寒"，是指从发热起始的急性病（包括某些急性传染病）的总病名。"伤寒"所包括的范围是很广的。张仲景《伤寒杂病论》的问世，在很大程度上解决了前人对疾病的认识问题。在病因、病机、疾病的突发转变以及诊断治疗等方面都摸索出一套完整的规律，不仅对治疗当时发热性传染病具有很重要的意义，同时也为我国后世医学的发展创造了良好开端。

《伤寒杂病论》原书为16卷，因战乱，书籍曾经散失，现存的张仲景著作是经西晋太医王叔和整理过的。晋代皇甫谧在所著的《甲乙经序》中曾称赞王叔和"撰次仲景，选论甚精"。近人余嘉锡在《四库提要辨证·伤寒论》中也称："以余考之，王叔和似是仲景亲授弟子，故编定其师之书。"

由弟子整理老师的著作，是顺理成章的。但是王叔和在整理《伤寒杂病论》时，却将该书分为《伤寒论》和《金匮玉函要略方》两本书，前者论伤寒，后者论杂病。

由于汉晋时期，著述仍然以竹木简牍或帛书为主，不易保存。王叔和整理的张仲景著作一个时期中又有散乱。至北宋中期校正医书局委派孙奇、林亿等校正医书，张仲景著作再次被重新整理，一共整理出《伤寒论》10卷、《金匮玉函经》8卷、《金匮要略方》3卷。上述三部书，《金匮玉函经》在北宋以后流传并不广泛，研究者很少，而《伤寒论》和《金匮要略方》则流传日益广泛。尤其是《伤寒论》，在北宋时期研究者就开始增多。其主要学术内容最值得重视的有以下几方面：

其一，《伤寒论》发展了《内经》学说，确立以"六经"作为辨证施治的基础。六经辨证原是《素问·热论篇》根据古代阴阳学说在医学中运用而提出的辨证纲领。所谓"六经"，是指太阳、阳明、少阳（三阳）和太阴、少阴、厥阴（三阴）六者而言。这是按照外感发热病起始后，在发展过程中出现的各种症状，并结合患者体质强弱的不同、脏腑经络的生理变化以及病势进退缓急，加以分析综合得出的对疾病的印象。总之，张仲景六经证治，乃是在当时疾病流行之时，通过医疗实践总结的一个热病治疗的总规律。

其二，《伤寒论》在辨证论治方面也有重要意义。这就是诊断疾病时，以阴、阳、表、里、寒、热、虚、实为纲，通称"八纲"。八纲中阴、阳为总纲；表、热、实属阳；里、寒、虚属阴。凡外感疾病，对身体壮实的人来说，多邪从阳化，形成表、热、实证；对身体虚弱的人来说，病邪多从阴化，成为里、寒、虚证。

其三，《伤寒论》在用药方法上是多种多样的，可归纳为汗、吐、下、和、温、清、补、消8种方法。也可以说是按照病情用药时的8个立方原则，通称"八法"。针对不同病情，汗下，温清，攻补，消补，也可分别并用。凡寒证用热药或热证用寒药，为"正治法"。如疾病出现前面所说的"真寒假热"或"真热假寒"现象，可采取凉药温服，热药冷服，或者凉药中少佐温药，温药中少佐凉药，被称为"反治法"。

总之，《伤寒论》一书所体现的治疗方法是多种多样的，是依据临床实际制定治疗方案的。有时先表后里，有时先里后表，或表里同治，极为灵活变通。后世总结该书共包括397法，113方。其中"扶正祛邪""活血化淤""育阴清热""温中散寒"等治疗方法，对后世学者有很大启发，并得到广泛应用。宋朝陈振孙《直斋书录解题》称："古今治伤寒者，未有能出其外也。"

■故事感悟

张仲景孜孜不倦、苦心孤诣，用科学的方法研究伤寒病，才有了"古今治伤寒者，未有能出其外也"的评价，才有了《伤寒杂病论》，也才让天下苍生从伤寒病的威胁中解脱出来。他不愧为万民所敬仰的一名"医圣"。

■史海撷英

张仲景年少立志

张仲景出生在一个没落衰败的官僚家庭。他的父亲张宗汉是个读书人，曾在朝廷做官。由于特殊的家庭条件，张仲景从小便有机会接触到许多典籍。而他自己也笃实好学，博览群书，并且酷爱医学。

从史书上，张仲景读到了扁鹊望诊齐桓公的故事，对扁鹊高超的医术十分钦佩。"余每览越人入虢之诊，望齐侯之色，未尝不慨然叹其才秀也。"从此，他对医学产生了浓厚的兴趣，这也为他后来成为一代名医奠定了基础。

当时的社会，政治黑暗，朝廷腐败，农民起义此起彼伏，兵祸绵延，到处都是战乱，黎民百姓饱受战乱之灾。加上疫病流行，很多人死于非命，真是"生灵涂炭，横尸遍野"，惨不忍睹。而官府衙门不想办法解救，一味地争权夺势，发动战争，欺压百姓。这些现象让张仲景从小便厌恶官场的黑暗，轻视仕途，怜悯百姓，从而萌发了他日后学医救民的强烈愿望。

■文苑拾萃

中医学

中医学是研究人体生理病理、疾病诊断与防治以及摄生康复的一门传统医学科学，至今已有数千年的历史。按照中国全国科学技术名词审定委员会审定的名词，中医学是"以中医药理论与实践经验为主体，研究人类生命活动中健康与疾病转化规律及其预防、诊断、治疗、康复和保健的综合性科学"。而中医是"起源与形成于中国，具有整体观念、辨证论治等特点的医学"。同时中医也指"中医药学科的专业职业队伍"，即中医师。

　　广义的中医，指的是中国境内所有的民族医学和宗教医学，如汉医、藏医、蒙医、苗医等、佛医、道医等。

　　狭义的中医，指的则是汉医。1949 年之前，"汉医"一词比较普遍。清末和民国时期，也用"国医"来称呼。

法显百折不挠求真知

法显（334—420），东晋司州平阳郡武阳（今山西临汾市）人，一说是并州上党郡襄垣（今山西襄垣县）人。他是中国佛教史上的一位名僧，一位卓越的佛教革新人物，是中国第一位到海外取经求法的大师，杰出的旅行家和翻译家。

法显本姓龚，曾有3个兄长，都不幸早逝了。父母担心他也像其兄长一样，不能成人，3岁时就将他剃度为沙弥。

剃度后，法显在家住了几年，生了一场大病，差点儿死去。父母赶紧又将他送入寺院中，从此不再回家。10岁时，父亲去世，叔父曾逼法显还俗，他不从。不久母亲也去世了，法显回家办完丧事后，就又回到寺院。20岁受大戒。他为人笃信佛教，性格倔强，有志有恒，聪明正直。

法显生活的时期，正是南北分裂、封建割据的南北朝时期。人民大众受战乱之苦、受剥削压迫之苦很深，得不到解救，于是产生了从宗教中寻求安慰和拯救的幻想；统治阶级则妄想通过宗教而享受天国之乐。在这种情况下，佛教在中国得到广泛传播和迅速发展。

法显进入中年后，生活在长安。他看到，佛教虽然得到了迅速发展，但缺乏戒律，以致各自为政，结果使佛教界呈现出一片混乱的局面。法显对佛教界的混乱现状十分不满，便立志去西方天竺（今印度）取经求法，以此矫正时弊。

后秦弘始元年（399年），58岁的法显与慧景、慧嵬、道整、慧应等同行，从长安出发，去天竺寻求戒律。经乾归国（今甘肃兰州西）、耨檀国（今青海西宁），于400年到张掖。

经敦煌，穿越1500里的沙河（今敦煌西至鄯善之间的沙漠地带）至鄯善国（今新疆若羌东之米兰）、焉夷国（今新疆焉耆）；又从焉夷西南行，沿塔里木河，于阗河穿越塔克拉玛干沙漠，于401年到于阗国（今新疆和田）。

经子合国（今新疆叶城奇盘庄），西逾葱岭（今帕米尔高原）；经于麾国（今叶尔羌河中上游）、竭叉国（今塔什库尔干）和陀历国（今克什米尔之达丽尔），于402年到乌苌国（今巴基斯坦北部斯瓦脱河流域）。

经宿呵多国（今斯瓦斯梯）、犍陀卫国（今巴基斯坦白沙瓦东北）、竺刹尸罗国（今巴基斯坦沙恩台里东南）、弗楼沙国（今巴基斯坦白沙瓦）和那竭国（今阿富汗的贾拉拉巴德），过小雪山（塞费德科山），于403年到罗夷国（塞费德科山南罗哈尼人居住地）。

经跋那国（今巴基斯坦北部邦努）、毗荼国（今旁遮普）、摩头罗国（今印度马霍里），于404年到僧伽施国（今印度北方邦西部法鲁哈巴德区之桑吉沙村）。

经沙祇大国（今印度北方阿约底）、拘肤罗国（今印度北方巴耳兰普尔西北）、蓝莫国（今尼泊尔达马里）和毗舍离国（今印度比哈尔邦比沙尔），于405年到摩竭提国（今印度比哈尔邦之巴特那）。

经迦尸国（今印度北方邦贝拿靳斯）、拘陕弥国（今印度北方邦柯散）、达嚷国（今印度中部马哈纳迪河上游）以及瞻波大国（今印度比哈尔邦巴格耳普尔），于408年到多摩梨帝国（今印度加尔各答西南之坦姆拉克）。

义熙五年（409年）十二月，法显乘船达到狮子国（今斯里兰卡），在狮子国住了两年。义熙七年，再乘船回国。在途经耶婆提（今苏门答腊）时，曾作短暂的停留。义熙八年七月，法显在长广郡（今山东崂山）登陆，接着去彭城（今徐州）。义熙九年去京口（今镇江）、建康（今南京）。

法显此行，共经28个国家，前后在外长达15年，经历了种种艰险。先后跟随他的11个人，有的中途返回，有的病死，有的到了天竺后便留居在那里，只有法显一人在求得经律后返回祖国。这体现了他那种坚忍不拔、百折不挠的精神。

这次求经成功，也使法显成为我国最早翻越西域边境高山而深入印度的少数旅行探险家之一。同时，他也成为我国由陆路去印度，由海路回中国的第一个旅行家。

义熙十年（414年），法显在建康开始翻译佛经，同时根据自己的旅游经历写成了《法显传》一书。

《法显传》是一部具有重要地理内容的游记，不仅描述了我国西北沙漠景观和法显途经这些地方的艰辛，而且还用大部分的篇幅描述了印度、巴基斯坦、阿富汗、斯里兰卡等国家的地理风貌、宗教信仰、历史传说、经济制度、社会文化和风俗习惯等。因此，它也成为我国记述印度最早、最有价值的著作之一，又是研究西域和南亚史地的重要文献。

通过法显的描述，把人们在我国西北沙漠中旅行的艰难呈现在读者眼前：沙河中多"热风，遇则皆死，无一全者。上无飞鸟，下无走兽，遍望极目，欲求度处，则莫知所拟，惟以死人枯骨为标志耳"。

葱岭南北不同的自然景观，在法显的描述中都有了明显的体现："自葱岭已前，草木果实皆异，唯竹及石榴、甘蔗三物与汉地同耳。""顺岭西南行十五日，其道艰阻，崖岸险绝，其山唯石，壁立千仞，临之目眩。"

法显对狮子国的描述，则给读者展现了明确的地理位置和一个"无有时节"的热带景观："其国在大洲上，东西五十由延（一由延约4.8海里），南北三十由延，左右小洲乃有百数，其间相去或十里、二十里，或二百里，皆统属大洲。多出珍宝珠玑……其国和适，无冬夏之异，草木常茂，田种随人，无有时节。"

在地理价值方面，《法显传》还表现在它对当时印度洋、南海航行情况的记述上。法显也成为中西交通史上陆海兼程往返于中印之间的第一人。可以说，《法显传》是一部航海游记，是中国关于信风和南洋航船的最早、最系统的记录。书中对全部海程的航路航船都有明确记载，特别是从印度恒河口南航斯里兰卡，从斯里兰卡东航苏门答腊，从苏门答腊北航山东半岛的连续三次因季风转换而乘不同方向信风航海的记录，有重大历史意义。

义熙五年十月一日（409年10月26日），法显从印度乘船去斯里兰卡，西南行，顺冬初信风，经14个昼夜到达狮子国。十月上旬的初冬信风，正是印度洋上东北季风盛行时期，顺东北季风西南行船，非常方便。

义熙七年八月（411年9月），法显乘船从狮子国去耶婆提时，已是西南季风的末期，进入了季风转换期。当西南季风转换成东北季风后，法显由西向东航行，便是逆风而行，加上暴风雨的袭击，使他乘坐的船受损漏水，船漂转90余日才到达目的地。后来，法显在耶婆提停留了5个月，等候西南季风回国。由于风暴的袭击，把他吹到了山东半岛的崂山。

此外，《法显传》在宗教史（特别是佛教史）和文学史上也占有重要的地位。这里仅就他的海陆旅行在中国地理学史上所具有的意义和价值作了阐述。

《法显传》以它重要的历史价值和学术价值，受到国内外学术界的高度重视。国内历代都有人对它进行研究；在国外，19世纪以来各国学者很注重对此书的研究，先后译成法文、英文出版，成为世界名著。

□故事感悟

法显有着大毅力、大智慧，历尽种种艰险铸就了传世名著《法显传》。他这种坚忍不拔、百折不挠的精神应是我们当代青少年学习的典范。

□史海撷英

狮子国

狮子国在《大唐西域记》卷十一中，被称为僧迦罗国，即今天的斯里兰卡。

据说，这里原来是没有人的，后来商人们都贪图这里的宝石，纷纷前来寻宝，于是这里就成了大国。这里有纪念佛来此降服恶龙的大塔，有无畏山僧伽蓝，有前王从印度、中国取来的贝多树，有声名远扬的佛牙。在无畏精舍东四十里，还有跋提精舍，有两千和尚。城南七里有摩诃毗诃罗精舍，和尚三千人。这里的国王都笃信佛法，因此佛教非常兴盛。

法显来到这里后，曾听到天竺道人诵经，内容讲的是佛钵。他想写这一部经书，但是道人说这只是口诵，因此没有写成。法显在这里住了两年，应该为义熙六年及七年（410年、411年）。

佛教东传

东汉永平十年（67年），佛教正式由官方传入中国。

当时的汉明帝夜梦金人飞行于殿庭，第二天便向群臣发问这是怎么回事。太史傅毅答说："西方大圣人，其名曰佛；陛下所梦恐怕就是他。"

于是，明帝就派遣中郎将蔡愔等18人去西域访求佛道。蔡愔等人在西域遇竺法兰、摄摩腾两人，并得佛像经卷，用白马驮着共还洛阳。明帝特建立了精舍给他们居住，称为白马寺。于是，摄摩腾与竺法兰在寺里译出了《四十二章经》。

这几乎是汉地佛教初传的普遍说法，也为我国历史教科书所采用。

佛教传入中国后，到了后汉末叶桓灵二帝的时代（147—189年），记载才逐渐翔实，史料也日益丰富起来。当时，西域的佛教学者都相继来到中国，如安世高、安玄从安息来，支娄迦谶、支曜从月氏来，竺佛朔从天竺来，康孟详从康居来。由此，佛法译事渐盛，法事也渐渐兴起。

刘徽孜孜不倦释《九章》

刘徽（生卒年不详），三国后期魏国人。是中国古代杰出的数学家，也是中国古典数学理论的创始人之一。据有限史料推测，他是魏晋时代山东邹平人。终生未做官。

刘徽在数学上作出了许多杰出的贡献，这与他当时生活的社会环境分不开的。自先秦到魏晋，齐鲁地区作为孔孟之道发祥地，一直在文化发展程度上居于全国前列。战国时期，齐桓公在其都城临淄设立稷下学宫，广招天下博学之士。在长达150年的时间里，该地区一直是学术气氛最为活跃的研究中心。另外，2世纪和3世纪的齐鲁地区数学也较为发达，涌现了一批数学家，包括郑玄、徐岳等人。在这样一种科学文化氛围中，使得刘徽有机会学习各种文化典籍，有机会接触到当时先进的数学知识，为他以后的数学研究积累了丰富的资料。

刘徽最大的成就是注释了《九章算术》，在这一过程中，刘徽取得了许多创造性的成就。经他作注的《九章算术》对我国数学的发展产生了深远的影响，成为东方数学的代表作之一。

古往今来，世界上许多数学家运用各种方法计算过圆周率，为认识 π 这个数付出了无数心血。我国战国时期的数学著作《周髀算经》中已有"周三径一"之说，意思是圆的周长约是其直径的三倍。这是人们在长期的实际生产生活中摸索总结出的经验性知识，并不是通过严格的数学计算得到的精确值。人们在应用过程中也发现用它计算出来的圆周长和圆面积都比实际值小。后来的数学家利用各自的方法逐步将其精确化，从此踏上寻找圆周率精确值的漫漫旅程。今天的数学家利用计算机已经将圆周率精确到小数点后数亿位。

刘徽在他的《九章算术》"圆田术注"中，论证了圆面积公式，给出了著名的圆周率计算方法 —— "割圆术"，并利用它计算出在当时相当精确的圆周率值。割圆术也成为数学史上伟大的创造之一。

刘徽从圆内接正六边形开始，使边数逐次加倍，作出正十二边形、正二十四边形……并依次计算出它们的面积。这些结果将逐渐逼近圆面积，这样就可以求出圆周率的值，这种方法被称为刘徽割圆术。用刘徽的话来说："割之弥细，失之弥少，割之又割，以至于不可割，则与圆合体而无所失矣。"意思是说，把圆周分得越细，即圆内接正多边形的边数越多，用它的面积去代替圆面积，就丢失得越少。不断地分割下去，让边数不断地增多，那么边数无限多的正多边形的面积就与圆面积相等了。

刘徽巧妙地利用极限思想，化"曲"为"直"，化"无限"为"有限"，对圆面积公式 $S = 1/2 \cdot CR$ 作了相当严格的逻辑证明。利用相关的结果，在当时的计数方法、计算法则、计算工具等均不像今天这样方便的条件下，刘徽凭着他深刻的洞察力和执着钻研的精神，进行着艰苦的数字计算。推算到正192边形时，得出 $π = 3.14$，或 $π = 157/50$；

推算到正3072边形时，可得到 π = 3927 / 1250（≈ 3.1416），这在当时是相当精确的结果。为了纪念刘徽的功绩，人们把 π = 157 / 50 称为"徽率"。

刘徽的方法比希腊数学家阿基米德所用的方法更加巧妙。阿基米德用内接和外切正多边形确定圆面积的上限和下限，而刘徽只用到了圆的内接正多边形。

在学习立体几何时，会接触到这样一条公理："夹在两个平行平面间的两个几何体，被平行于这两个平面的任意平面所截；如果截得的两个截面的面积总相等，那么这两个几何体的体积相等。"最早明确得出这一原理的是祖冲之的儿子祖暅，而刘徽的体积理论则为这一原理的提出作了充分的准备。

《九章算术》时代，人们已经开始通过比较两个等高立体的最大截面积来解决某些体积问题，但并没有认识到必须保证任意等高处的截面积之比都等于最大截面积之比，才能进行比较。《九章算术》"开立圆术"中即认为球与外切圆柱之比等于 π : 4，从而容易得出球体积公式：V = 9 / 16 · D3

其中D是球的直径。刘徽在"注"中指出此公式是错误的。他将两个底面半径等于球半径的圆柱正交，称其公共部分为牟合方盖。刘徽拙球与外切牟合方盖的体积比为 π : 4。这一结论为200年后祖冲之父子求出牟合方盖的体积，从而为得到正确的球体积公式奠定了坚实的基础。

《九章算术注》中有几百个公式和解法，刘徽对每个算法的正确性均作了考察，并对各种算法的内在联系及应用进行了论述。"率"是这些工作中使用最普遍的工具，刘徽极大地发展了"率"的思想，从而将《九章算术》的算法提高到系统理论的高度。

"率"本是规格、标准之意。刘徽将"率"定义为"凡数相与者谓之率"。即相关的一组量称为率，用以讨论若干量之间的相关性，即相对的数量关系。这一概念要比我们现在常用的比率概念宽广得多。为了求出各物的率，要有一个公度作为标准。这个公度就是单位度量，亦即一，刘徽将它称为"数之母"。如五单位米可以化为一，则米率即为5；三单位粟可以化为一，则粟率即为3，米、粟的相与率为米5、粟3。由此可见，率表示某物度量与另一物度量的相对关系，相当于现在的密度、速度等意义。

刘徽还给出了率的一些重要性质，如"一组成率的数，在投入运算时，其中一个缩小或扩大某倍数，则其余的数必须同时缩小或扩大同一倍数。"由此出发，刘徽给出了三种重要的等量交换："约以聚之，乘以散之，齐同以通之。"

"约以聚之"就是说，分子、分母同时缩小同一倍数，称作约分，此时分数单位变大；"乘以散之"即分子、分母同时扩大相同的倍数，分数单位就会变小。同时，刘徽还指出经过这样两种运算之后，虽然分数单位发生了变化，表现的形式不同，但分数值不变，明确阐述了分数的基本性质。

在运算时，几个分数只有化成同一分数单位才能进行加减。刘徽由此提出"齐同术"即"齐同以通之"，也就是我们现在所说的通分。刘徽指出应先使诸分数的分母同一，而后使每个分数的分数值保持不变。

刘徽将《九章算术》中的许多算术问题解法进行了归纳总结，形成了一些系统的方法。

"率"在代数中的应用主要表现在方程术中，刘徽在方程的定义、方程直除法、互乘相消法消元中的齐同原理及方程新术等方面做了创造性的工作。另外，刘徽还把率应用于圆周率、面积、体积、勾股容方、容圆等许多几何问题的解法中。

《九章算术》中的粟米、衰分、均输三章都是关于比例和比例分配的问题，内容交错。刘徽用率将这三章的方法统一起来，不仅把比例、比例分配归结为今有术，而且将分数、追及、利息等一般算术问题都化为今有问题，并将率应用于方程、面积、体积等问题，使得率成为计算问题的灵魂。

总之，刘徽的《九章算术注》不仅有概念、命题，而且还有联系这些命题的逻辑推理。它标志着我国古代数学已经形成了自己独具特色的理论体系。

另外，刘徽熟练地运用直角三角形的性质，推广了我国古代的"重差术"，写成了《海岛算经》一书。从书中所解决的问题可以看出，刘徽已经掌握了相当复杂的测量和计算方法。

刘徽在全面论证《九章算术》的公式、解法的同时，指出了其中的许多错误和不精确之处，并给予纠正或提出改善建议。他对许多问题的补充解法，大大丰富了《九章算术》的内容。但用对《九章算术》作注的形式展现自己的数学思想，在一定形式上也限制了刘徽数学创造的展开及其数学思想对后世的影响，或许这该是最让人引以为憾的事情了。

故事感悟

刘徽注《九章算术》，充分体现了他作为一个数学家应有的科学态度。他实事求是，不仅开创的数学联系实际的传统，更重要的是他没有盲目崇拜古人取得的成就，勇于开拓创新，极大地丰富和发展了中国古代的数学成就。他的这种孜孜不倦为事业所努力的态度正是其事业成功的源泉。

中国古代数学体系的形成

秦汉时期是我国封建社会的上升时期，经济和文化都得到了迅速的发展。而中国古代的数学体系也正是形成于这个时期。它的主要标志，就是算术已成为一个专门的学科及以《九章算术》为代表的数学著作的出现。

《九章算术》是我国战国、秦、汉封建社会创立并巩固时期数学发展的总结，堪称为世界数学名著。例如，其中的分数四则运算、今有术（西方称三率法）、开平方与开立方（包括二次方程数值解法）、盈不足术（西方称双设法）、各种面积和体积公式、线性方程组解法、正负数运算的加减法则、勾股形解法（特别是勾股定理和求勾股数的方法）等，都具有极高的数学水平。而其中的方程组解法和正负数加减法，更是位于世界数学发展上的领先地位。它也形成了一个以筹算为中心，与古希腊数学完全不同的独立体系。

《九章算术》采用按类分章的数学问题集的形式。算式都是从筹算记数法发展起来的，以算术、代数为主，很少涉及图形性质，重视应用，缺乏理论阐述等。秦汉时期，主要强调数学的应用性。而东汉初年成书的《九章算术》则排除了战国时期在百家争鸣中出现的名家和墨家重视名词定义与逻辑的讨论，偏重于与当时生产、生活密切相结合的数学问题及其解法。

到了隋唐时期，《九章算术》曾传到朝鲜、日本等国，成为这些国家当时的数学教科书。

《海岛算经》

《海岛算经》为算经十书之一，成书于三国魏景元四年（263 年），由著名数学家刘徽岁编撰。本为《九章算术注》的第十卷，题为《重差》，后来此卷单行。由于第一题是测量海岛的高和远的，故而得名。内文中所有的问题都是利用两次或多次测望所得的数据，从而来推算可望而不可即的目标的高、深、广、远。

全书共 9 题，这里选两题：

（1）今有望海岛，立两表齐，高三丈，前后相去千步，令后表与前表相直。从前表却行一百二十三步，人目著地取望岛峰，与表末参合。从后表却行百二十七步，人目著地取望岛峰，亦与表末参合。问岛高及去表各几何？答曰：岛高四里五十五步；去表一百二里一百五十步。

术曰：以表高乘表间为实；相多为法，除之。所得加表高，即得岛高。求前表去岛远近者：以前表却行乘表间为实；相多为法。除之，得岛去表数。

（2）今有望松生山上，不知高下。立两表齐，高二丈，前后相去五十步，令后表与前表参相直。从前表却行七步四尺，薄地遥望松末，与表端参合。又望松本，入表二尺八寸。复从后表却行八步五尺，薄地遥望松末，亦与表端参合。问松高及山去表各几何？答曰：松高一十二丈二尺八寸；山去表一里二十八步、七分步之四。

术曰：以入表乘表间为实。相多为法，除之。加入表，即得松高。求表去山远近者：置表间，以前表却行乘之为实。相多为法，除之，得山去表。

祖冲之精算圆周率

祖冲之（429—500），我国杰出的数学家、科学家。南北朝时期人，汉族，字文远。祖籍范阳郡道县（今河北涞水县）。为避战乱，祖冲之的祖父祖昌由河北迁至江南。祖昌曾任刘宋的"大匠卿"，掌管土木工程；祖冲之的父亲也在朝中做官。祖冲之从小接受家传的科学知识。青年时期进入华林学省，从事学术活动。他一生先后任过南徐州（今镇江市）从事史、公府参军、娄县（今昆山市东北）令、谒者仆射、长水校尉等官职。其主要贡献在数学、天文历法和机械三方面。

从东晋到南北朝的这段历史时期内，由于经济文化生活的迅速发展，科学也获得了前所未有的进步。在这一时期，出现了许多杰出的科学家，祖冲之便是其中最为杰出的人物之一。

祖冲之生活的年代在南朝宋、齐之间，担任过南徐州从事史公府参军等职。祖冲之的故乡范阳在西晋末年的战乱中遭到破坏，他全家随北方居民一起迁居到江南。据《隋书》记载，他的祖先有几代人研究历法，祖父祖昌当过刘宋王朝的大匠卿，是管理土木建筑工程的官，也懂一些科学技术。祖冲之生长在科技世家，从小受到良好的家庭教育，对自然科学、文学和哲学都有浓厚的兴趣，尤其喜欢数学、天文学和机械制造等。

青年时期的祖冲之一面苦心钻研、继续家学，一面学习古人的科学成就。他饱览群书，兼学百家，为后来的科研工作奠定了深厚的基础。在一生当中，祖冲之虽然也曾担任过一些官职，但他却更热衷于科学，几十年都孜孜不倦地从事科学研究。他还重视实践，批判地接受前人的科学遗产。经过勤勉的工作，祖冲之对前人的研究仔细推敲、驳正错误，推导出了许多极有价值的科学成果。

祖冲之对我国科学事业的最大贡献，就是对圆周率值的计算精确到了小数点后的第六位。圆周率的计算，对于现代人来说已不算是数学上的什么大问题了。但在15世纪以前，许多国家的数学家都曾寻找更加精确的圆周率。因此，圆周率的精确程度可以看做是衡量一个国家数学发展水平的重要标志。

在圆周率的近似计算方面，当古希腊数学家将圆周率算到3.1416时，我国还停留在"古率"为3上面，而且一直沿用到汉代时，圆周率的计算才为较多的数学家所注意。刘歆所算得的圆周率为3.1547或3.166，有效数字仅为3.1。数学家刘徽的计算在中国数学史上给圆周率的计算打下了坚实的基础，而在这个基础上建造大厦的巨匠便是祖冲之。

祖冲之利用刘徽的计算方法，对圆周率进行了更为细密深入的计算。他通过计算内接正1536边形的面积，算出圆周率为3.1416，这在当时已经是够精确的了。但是，祖冲之并不满足于这一成就，而是进一步提出了 $3.1415926 < \pi < 3.1415927$。

祖冲之一下子就把圆周率的精确度提高了一万倍，而且他用不足和过剩近似值表示无理数值的变化范围更是十分了不起的，这也正是现代关于无理数表示的一个基本方法。而欧洲一直到1573年才得到这一数值，比祖冲之晚了1000多年。

祖冲之还为后人留下了一本数学专著——《缀术》。这部书内容博大精深，十分精彩。祖冲之去世后，他的儿子又将自己的研究成果添加进去，续写了《缀术》。可惜的是，这部很有价值的科学著作在北宋中期就散失了，现在只能从历代有关文献和评论中找到一些线索。

在唐朝时期，《缀术》曾被国立学校列为必读的教材，要学习4年，是学习期限最长的"算书"。由此可见，《缀术》一书的内容之深奥。中世纪的朝鲜和日本的一些学校中，《缀术》也都被列为必读的书籍之一。

祖冲之还创造了"开差幂""开差立"等算法。"开差幂"是已知长方形的面积及长宽之差求其长及宽。"开差立"是已知长方体的体积及最短棱与其他两棱之差求其长、宽、高。这分别相当于解二次方程 $x(x+a)=A$ 和三次方程 $x(x+a)(x+b)=V$。他还和儿子祖暅一道，在世界上最早发现了"等积原理"。

祖冲之在天文历法方面也有很多创造性的贡献。他发现当时通行的《元嘉历》有三大错误。于是他上书宋孝武帝，建议采纳他编制的《大明历》。这部《大明历》是他经过长年观测天象和认真分析研究，精密而科学地推算出来的，它开辟了历法史的新纪元。遗憾的是，这套先进的历法遭到保守权臣的百般诋毁和阻挠。祖冲之不畏强权，据理辩争，写出了著名的《驳议》。这篇理直气壮的论文，将保守派的谬论驳得体无完肤，反映了祖冲之不畏权势敢于坚持真理的高贵品质，也显示了他横生洋溢的才华。但宋朝统治者始终未能采用《大明历》，直到祖冲之死后10年，在他儿子祖暅的再三推荐之下，梁武帝才批准施行，一直沿用了80年。

除了在数学和天文学方面的成就，祖冲之在机械方面还有许多贡献。他曾经发明了指南车，这辆车无论怎样行走转动，车上铜人的手总是指向南方。他还发明过水碓（磨）、千里船等。祖冲之对古代的经典著作还多有涉猎，他曾论述或注释过《易经》《老子》《庄子》《论语》等。他甚至还写过小说，并且精通音乐。祖冲之确实可称得上是一位博学多才的科学家。

祖冲之的科学成就在我国的科学技术发展史上将永放光芒；他的卓越贡献也已经被载入了世界科学史的史册。20世纪60年代初，人类第一次发现的月球背面的一个环形山谷，于是就以"祖冲之"的名字来命名。

■故事感悟

祖冲之勤于治学，善于分析思考。他治学态度严谨，博访前故，远稽昔典，搜集自古以来的大量文献资料和观测记录，并对之进行系统深入的分析研究，从前人的科学思想和成就中吸收了丰富的营养。他不虚推古人，富于批判的精神和探索的勇气。他在掌握大量资料的同时，坚持实际考核验证，既发扬了前人的成就，又纠正了前人的错误，用心求索，攻克了一个又一个科学难关。他这种精益求精、勇于探索的精神也是科学家和发明家所应具备的宝贵品质。

■史海撷英

祖冲之引入岁差

祖冲之在历法研究上的一项重大成就，就是第一次应用了"岁差"。

根据物理学的原理，物体在做旋转运动时，如果丝毫不受外力影响的话，旋转的方向和速度应该是保持一致的；相反，如果受到了外力影响，它的旋转速度就要发生周期性的变化。而地球就是一个表面凹凸不平、形状不规则的刚体，在运行时经常受到其他星球吸引力的影响。因而，它的旋转速度也总要会发生一些周期性的变化，不可能保持绝对的均匀一致。因此，每年太阳运行1周（实际上是地球绕太阳运行1周），也就不可能完全回到上一年的冬至点上，总要相差一个微小的距离。按现在天文学家的精确计算，大约每年会相差50.2秒，每71年8个月向后移1度。这种现象就是岁差。

随着天文学的发展，我国古代科学家们也渐渐发现了岁差的现象。西汉的邓平、东汉的刘歆、贾逵等人都曾经观测出冬至点后移的现象。不过，他们那时候都没有明确地指出岁差的存在。

到了东晋初年，天文学家虞喜才开始肯定岁差现象的存在，并且首先主张在历法中引入岁差。他给岁差提出了第一个数据，算出冬至日每50年退后1度。到了南朝宋的初年，何承天认为岁差为每100年差1度，但在他所制定的《元嘉历》中并未应用岁差。

祖冲之在继承前人科研成果的基础上，不仅证实了岁差的存在，而且还算出岁差是每45年11个月后退1度，并在他制作的《大明历》中应用了岁差。由于所依据的天文史料不够准确，所以他提出的数据也不可能十分准确。尽管如此，祖冲之还是将岁差应用到了历法当中，这在天文历法史上是一个创举。

到了隋朝以后，岁差才逐渐为更多的历法家所重视，像隋朝的《大业历》《皇极历》中，都曾应用了岁差。

第三篇

业精于勤苦于练

书法大家鲜于枢

鲜于枢（1246—1302），元代著名书法家。字伯机，晚年营室名"困学之斋"，自号困学山民，又号寄直老人。祖籍金代德兴府（今张家口涿鹿县），生于汴梁（今河南开封）。大都（今北京）人，一说渔阳（今北京蓟县）人，先后寓居扬州、杭州。大德六年（1302年）任太常典簿。元世祖至元年间以才选为浙东宣慰司经历，后改浙东省都事，晚年任太常典簿。好诗歌与古董，文名显于当时，书法成就最显著。明朱权《太和正音谱》将其列于"词林英杰"150人之中。《新元史》有传。

鲜于枢有北方人的慷慨、豪气，身材魁梧，胡须浓重，朋友们称其为"髯公"。同时期的诗人柳贯说他"面带河朔伟气，每酒酣骜放，吟诗作字奇态横生。其饮酒诸诗，尤旷达可喜；遇其得意往往为人诵之"。正是因为他自负随意的性格，导致他与周围环境及上层当权者的种种冲突。

元世祖至元二年（1265年）以后，鲜于枢先后辗转于汴梁、扬州、杭州、金华等地，担任一些中下级官职，很不顺利。他常与上司争是非于公庭之间，一语不合，则拂袖而去。为百姓爱戴，称"我鲜于公"。曾三次去官或遭贬。37岁后定居杭州，于西湖虎林筑困学斋。元成宗大德六年（1302年）被授予太常寺典簿，未及到任便逝于钱塘，年仅57岁。

鲜于枢由于一生官位都不高，常赋闲家中，便得以充分发挥自己的艺术才能。除了具有书法专长外，鲜于枢还是一位文学家，一生写下了许多诗词。他还能作曲，弹得一手好琴，而且精通文物鉴定。正因为有广泛的艺术修养，且将之融合到书法中，鲜于枢方成为书法大家。

鲜于枢早年在学书法时，技术未能如古人，偶尔在野外看见两人挽车于泥淖中，顿有所悟。他写字时，多用中锋回腕，笔墨淋漓酣畅，气势雄伟跌宕，酒酣作字奇态横生。鲜于枢兼长楷书、行书、草书，尤以草书为最。他的功力很扎实，悬腕作字，笔力遒健，著有《困学斋集》。鲜于枢与赵孟頫齐名，同被誉为元代书坛"巨擘"，并称"二妙""二杰"，但其影响略逊于赵孟頫。

鲜于枢所留下的作品较多。《石鼓歌》是唐代诗人韩愈的作品，鲜于枢在书中所题的诗是在中国书法史上享有盛名的珍稀墨宝。据介绍，"石鼓文"是我国现存最早的刻字文字，唐初出土时并没什么名声，直到韩愈所作的《石鼓歌》时才得以彰显，被推为国宝。

鲜于枢的《石鼓歌》也是元代书坛的巨擘，对后世草书影响至深。其草书的《石鼓歌》用笔中锋直下，稍敛毫芒，圆劲丰润，浑雄朴茂而凝重，淋漓酣畅中蕴含着森严规矩。据了解，此卷不仅是墨宝巨珍，更是书家法帖。

世人对鲜于枢的书法作品评价很高。同时代的袁褒说："困学老人善回腕，故其书圆劲，或者议其多用唐法，然与伯机相识凡十五六年间，见其书日异，胜人间俗书也。"（《书林藻鉴》）

赵孟頫对他的书法十分推崇，曾说："余与伯机同学草书，伯机过余远甚，极力追之而不能及，伯机已矣，世乃称仆能书，所谓无佛出称尊尔。"

■故事感悟

鲜于枢在书法方面所获得的巨大成功，值得赞叹。中国文化精品之精为世界之最，而创造这些精品的人物不但受到国人的崇敬，也受到世界各国人民的钦佩。

■史海撷英

鲜于枢的家世

鲜于枢的高祖曾经在朝廷做过官，祖父"读书通大义，不为科举业"。蒙古军队攻下德兴府后，祖父携带家眷南逃。在走到居庸关时被蒙古军队所杀，祖母便带着全家到处奔波。金哀宗天兴元年（1232年），一家人又北上定居到范阳（今河北涿州）。

鲜于枢的父亲主要从事办理运粮的差事，常年往返于中都、大都、汴梁以及扬州、杭州之间。鲜于枢少年时便随父亲不断迁居。

马祖常写作勤奋忘我

马祖常（1279—1338），字伯庸。高祖锡里吉思，在金朝末年为凤翔兵马判官，子孙因以"马"为姓。曾祖月合乃，随元世祖忽必烈伐宋。父马润，官至漳州路同知，移家光州（遗址约在今河南光山县）。延祐（1314—1320年）初，中乡贡，会试第一，廷试第二。授应奉翰林文字，拜监察御史。仁宗（1311—1320年）时，铁木迭儿为丞相，专权用事。祖常曾弹劾上奏其罪行，因而累遭贬黜。自英宗至顺帝朝（1321—1368年），历任翰林直学士、礼部尚书、参议中书省事、江南行台中丞、枢密副使等职。在任期间，曾参与修撰《英宗实录》，译《皇图大训》《承华事略》为蒙文，编纂《列后金鉴》《千秋纪略》等供皇室贵族阅读。顺帝至元（1335—1340年）初，辞官归光州。

马祖常是元朝最著名的文学家，原籍今托克逊。早在辽朝时期，马祖常的先祖就举家迁入关内。因为他的高祖曾经当过兵马判官，所以他的子孙就用官名中的"马"字作了家庭的姓氏。

马祖常从小便学习汉文。这时他的家庭已经败落，生活十分贫困，父母给他的零用钱，他都积攒起来买书。长大后，他拜四川学者张等为师，潜修学问。后来参加了科举考试，得全国第二名。

马祖常一生写了大量的散文和诗。他的散文，文采富丽而又言之有物，构思奇巧而不见雕琢，受到世人的高度评价。元朝名士许有壬这样说过："他的文章无论是长篇巨制，还是短篇小记，没有不可以流传于后世的。"他的诗赋佳作不少，有不少反映民间生活疾苦的作品。如《室妇叹》《赋养马户》等，颇有唐诗风韵。

马祖常治学严谨，对于那些把读书写文章当作是猎取功名利禄和手段的人十分鄙视。他曾指出："为科举而作的文章，不过是些矫诬实情、东拼西凑的低劣之作，目的只是一味求同于朝廷，以便从天子那里窃取一官半职而已。"他认为写文章是"经世而载道"的大事，必须言之有物，有独到的见解。正是这种正确的创作态度，才使他写出了很多至今仍为人们称道的好作品。

■ 故事感悟

马祖常以自己的勤奋为我们留下了丰厚的文化遗产，他的业绩和声名至今仍激励着人们奋进。

■ 史海撷英

马祖常事迹

马祖常"七岁知学，得钱即以市书"。马祖常10岁时随父亲至仪真（今属江苏仪征市），有一次看到火烛倾倒，延烧墙壁，他便用水沾湿衣服扑灭。父亲问他为何独自灭火而不呼救。他回答说："怕惊动长者。"

少年时期的马祖常仰慕古学。当时，蜀儒张拟到仪真讲学，马祖常曾列数10条经史问题相质疑。

由于天资聪颖，马祖常于延祐元年（1314年）行科举，列乡贡第一。在参加会试的135人中，他又在一科之首。由于朝廷规定以蒙古人为首，他便屈居第二。但是，他的文章学识却深为左榜中试者所叹服，故名声隐然耸动京师。

后来，马祖常被授予应奉翰林文字、承事郎、同知制诰，兼国史院编修官，与袁桷、王士熙等人互相切磋文字，相交甚密。这时，仁宗在位已久，经常独居东宫饮酒过度，不理朝政。马祖常便上书劝请："御正衙，立朝仪，御史执简，太史执笔。"

英宗为皇太子时，马祖常又上书。当时，奸臣铁木迭儿为丞相，倚权仗势。马祖常便率同僚弹劾并列其"盗观国史"10大罪状。仁宗震怒，罢免了铁木迭儿的职务。铁木迭儿官复原职后，马祖常被贬回光州。铁木迭儿死后，马祖常才得以复职。

泰定元年（1324年），马祖常升任为典宝少监，后任太子左赞善，翰林直学士、礼部尚书等职。天历元年（1328年），又被召为燕王内尉，仍入礼部。升参议中书省事，参定亲郊礼仪，拜治书侍御史、江南行台中丞。元统元年（1333年）后，又历任同知徽政院事、御史中丞。后辞官回光州定居，又历拜江南、陕西行台中丞，都称病不赴任。

至元四年（1338年）三月，马祖常去世，葬于光州之北的平原乡西樊里。终年59岁，赠魏郡公，谥文贞。

踏遍千山的李四光

李四光（1889—1971），中国著名地质学家，湖北省黄冈人，蒙古族。首创地质力学。中央研究院院士、中国科学院院士。

1889年10月26日，李四光出身于湖北省黄冈市一个贫苦的农民家庭。父亲是一个教书先生，收入微薄，不得不在教书之余种些田地。他为人耿直，乐于助人。他的这种性格也给了李四光重要的影响。

李四光的母亲是父亲的后妻，粗通文墨。从四五岁起，李四光就跟着母亲打柴、推磨、担水，养成了吃苦耐劳的习惯。1895年，中日甲午战争以"大清帝国"失败而告终，6岁的李四光就立下了发奋学习为国争光的志向。小学时期，李四光读书勤奋，肯动脑筋，因而学习成绩一直名列前茅。

1904年，求知心切的李四光便向父母提出要求去武昌求学。

1904年7月，李四光以优异成绩被选送到日本留学，先在弘文学院普通班学习，后入大阪高等工业学校船用机械专科学习。

1910年7月，李四光学成归国。但在战火连绵的旧中国，他难以找到施展才华的机会。愤懑之余，李四光决定再次出国，到英国留学。

1917年，李四光获得学士学位。一年之后，即1918年5月，李四光又以《中国之地质》的长篇论文获得自然科学硕士学位。

1920年5月，李四光婉言谢绝了恩师的挽留和国外一家印度矿山公司的高薪聘请，毅然回到了祖国，就任北京大学地质系教授。

1931年夏天和1932年夏天，李四光两次到庐山考察，发现了一些冰川U形谷和冰川泥砾堆积物。他将野外资料分析整理后，提出庐山在第四纪地质时期至少经过两次冰期。中国第四纪冰川主要是山谷冰。1936年8月，李四光又带着助手第四次赴庐山考察，在白石嘴发现了第四纪冰川的确凿证据——冰溜条痕石。至1937年，李四光将在庐山考察所得写成专著《冰期之庐山》，为我国第四纪冰川地质的研究打开了大门。

另外，在研究地壳的起源问题时，李四光不畏国外权威的说教，终于以几十年艰苦的探索研究，创立了一门新学说——地质力学，这使李四光成为我国地质学家以创造性思想登上国际地质论坛的第一人。

1952年，地质部成立，李四光被任命为部长。从此，李四光便开始为新中国的地质事业而忘我工作了。

中央领导同志就石油远景问题询问李四光。李四光肯定地认为，找油的关键不在于"陆相""海相"，而在于有没有生油和储油的条件。我国有大面积的沉降带，都有良好的储油条件，肯定能找到石油。

国家按照李四光的理论，立即开展寻找石油的大会战，终于在东北、华北、中原一带发现了储量丰富的石油。

地震能不能预报？这是地质力学理论面临的又一个严峻问题。1966年，河北邢台地区发生了强烈地震，给国家和人民造成重大损失。周总理多次召集科学家商讨对策。李四光认为地震和任何事物一样，不是偶然的，也是有一个过程的，是可以预报的。从此以后，他便投入了探索地震预测的工作。

李四光是我国卓越的自然科学家，世界当代最杰出的地质学家之一。他打开了中国第四纪冰川地质研究的大门，创立了地质力学。他把毕生的精力都献给了祖国和人民，他的精神永远鼓舞着中国人民。

■故事感悟

李四光凭借儿时立志，坚定信念，以孜孜不倦的努力和精益求精的精神，成为为新中国作出巨大贡献的地质学家。我们青少年应该向李四光学习，从小立下自己的目标，学科学、爱科学，并为祖国的科学事业而努力奋斗。

■史海撷英

李四光提出中国"第四纪冰川"说

从19世纪以来，不断有德国、美国、法国、瑞典等国的地质学家来到中国勘探矿产，考察地质。但是，他们都未能在中国境内发现过冰川现象。因此，在地质学界，"中国不存在第四纪冰川"已经成为一个定论。

可是，地质学家李四光在研究蜓科化石期间，却在太行山东麓发现了一些很像冰川条痕石的石头。为此，他继续在大同盆地进行仔细的考察，并越来越相信自己的判断。于是，他在中国地质学会第三次全体会员大会上，大胆地提出了中国存在第四纪冰川的看法。

李四光关于冰川的多年研究，在1937年完稿的《冰期之庐山》中得到了全面阐述。可惜的是，由于抗战爆发，这部书10年以后才得以出版。

华罗庚的学术精神

华罗庚（1910—1985），世界著名数学家，祖籍江苏金坛。中国解析数论、矩阵几何学、典型群、自安函数论等多方面研究的创始人和开拓者。国际上以华氏命名的数学科研成果就有"华氏定理""怀依—华不等式""华氏不等式""普劳威尔—加当华定理""华氏算子""华—王方法"等。

1979年11月9日，在法国南锡大学的礼堂里，举行了隆重的授奖仪式。中国数学家华罗庚教授在雄壮的《中华人民共和国国歌》声中，光荣地接受了"荣誉博士"证书，这是法国授予世界著名数学家的崇高学位。谁也想不到这位荣获国际学术荣誉的数学家的手中，却只"攥着"一张初中毕业证书。

在江苏省南部，有个县城叫金坛，那是一个山清水秀的鱼米之乡。就在这个城镇的一座石拱桥旁，住着一位小商贩——华老强。

1910年11月12日，华罗庚就出生在这样一个家庭里。

华罗庚从小记性好，过目不忘，那大小流年，背得滚瓜烂熟。他还学着给人算八字呢！七算八算，他总算看出了破绽，"啊哈，全是骗人的玩意儿，原来同一个时辰的人，有着不同的命运呢！穷人总是薄命的！"

华罗庚生气地把《子平命理》往地上一扔："屁话！一个人的命运是操在自己手里的"。他一把拉过书包，拿出代数书举在空中，冲着父亲喊了起来："学数学，才是真的科学呢，从这里找出路！"

华罗庚扔掉了算命书，钻到数学里去了。他整天低着头趴在柜台上做数学习题。

有一天，父亲的一个朋友来到柜台前面买香烟，华罗庚没有注意，仍旧低头不停地写着。

父亲从里屋三步并做两步跑了出来，给朋友递上一支烟。他收起铜板，看了儿子一眼说："成天抱着'天书'，能当饭吃？"

那人笑笑说："你们父子俩像十二月门神，一个向东，一个向西呀！"

父亲咬着牙说："蛇吞象，不自量！"

华罗庚一声不响，又低头写了起来。

说真的，他的呆劲上来呀，就忘了喝水，忘了吃饭。要是碰上个难题呀，小灯里的豆油熬干了，他还不上床睡觉呢！

华罗庚上初二那年，有一天，数学老师讲完课，对同学们说："我给你们破一道有趣的难题。"

同学们一个个瞪大了眼睛。

数学老师闭起两眼，拖着长腔，脑袋来回晃悠着说道："今有物不知其数，三三数之剩二，五五数之剩三，七七数之剩二，问物几何？"

老师的话音未落，一个带着乡土气息的男同学应声答道：

"老师，是23！"

全班同学"刷"地把眼光都集中到这个同学身上来了。原来不是旁人，正是那个课外贪玩好动，不爱说话的罗呆子！

老师惊奇地问："你懂得神机妙算吗？你懂得韩信点兵吗？"

"不懂，我没听说过。"这个朴实的学生给了一个朴实的回答。

于是老师又继续说："这个问题是我国古代数学的光荣，到现在外国教科书上还命名为'中国剩余定理'，也叫'孙子定理'。"

"中国剩余定理？"华罗庚出神地望着老师，不知其中的奥秘。虽然他在后来的工作中，经常巧妙地、灵活地、变化多端地运用这个方法。

老师那威严而又疑惑的目光，又落在华罗庚的身上。他不知道剩余定理，不过，即使他知道用这个定理，也不至于这么快就得到答案呐！"华罗庚，你用什么方法运算的？"

华罗庚答道："一个数，3除余2，7除也余2，那必定是21加2，21加2等于23，不刚好是5除余3吗！"

"嗯！"老师满意地点点头，又转向大家，"你们听懂了没有？"

同学们一个个瞪着大眼，望着老师。

可不是嘛，谁能相信小学毕业的时候，仅考了个50分的罗呆子，居然能够解开扬名中外的剩余定理。可是，谁又能知道，这个罗呆子日夜付出了多少辛勤的劳动呢！

为了帮助家里挣钱，华罗庚经常跟着父亲出去干点零活。有一次，华罗庚跟随父亲到金坛茧场盘点蚕茧。父亲掌秤，儿子监秤。华罗庚一进茧场，就看见堆成小山似的蚕茧，雪亮雪亮的，眼看蚕蛹就要变成蛾子，钻出茧子来了。怪不得老板敲着长烟袋，在旁边使劲地叫唤："快点，快点，弄不完不准吃饭。"

他们父子两个和伙计们整整折腾了一天又加大半夜，华罗庚困得脑袋直摇像拨浪鼓，靠在柜边就"呼呼"地睡着了。

一阵烟雾钻进他的鼻孔，把他给呛醒了。他睁眼一看：哟，香炉里直冒浓烟，旁边还围着一大排人，两手合拢抱在胸口上，嘴里念念有词："阿弥陀佛，菩萨保佑……"父亲呢？紧锁着双眉，一动不动，像根木桩。

华罗庚一骨碌爬起来，凑到父亲跟前，"阿爸，出什么事了？"

"哎，两厚本账对不上，差上千块钱。"父亲哭丧着脸说。

场里的伙计凑到老板跟前说："老板呀，鞋里长草慌了脚！要是出了蛾子，就全完蛋啦！"

老板扬了扬手说："大家先吃饭去，填饱肚子再算！"

伙计们拖着沉重的脚步往外走去。华罗庚立在那里没动弹，父亲扯扯他的衣角："走呀，罗罗。"

"我来看看账本，你们吃完消夜定定心再算。"

小伙计也斜他一眼，笑道："别班门弄斧啦！"

华罗庚没有作声，他在心里对自己说！"哼！我偏要在鲁班门前要一要大斧。"

华罗庚看大家都走了，他抓过算盘，"噼里啪啦"地算起账来。

当大家吃完消夜进屋的时候，华罗庚高兴地说："阿爸，账货对口，一文不差。"

父亲拿过账本检查了一遍，破脸笑了。小伙计跑过来，拉起华罗庚的手："咳，真没想到你是个'活算盘'。"

1931年夏天，华罗庚到了清华大学，在数学系当助理员。你看他，领文具，收发信件，通知开会，还兼管图书、打字、保管考卷，整天忙得不可开交。可是到了夜间，他也从不安闲，三天两头跑图书馆。

有一天，几个同学围着图书馆的管理员问道："哎，华罗庚又借了几本书？"

"5本！"图书管理员伸开巴掌比划着。

"那前两天借的那大厚本《函数论》呢？"

"已经还了。"

同学们瞪着疑惑不解的眼睛："这个大部头，至少也得看个十天半月的。可他只用几个晚上就读完了。"

一个同学说："像他这样看书，不是走马观花，就是浮光掠影。"

另一个同学神秘地说："听说他长了一对猫眼，黑夜里也能看书。"

"哦，是真的？"

"那今天晚上我们去侦察一下。"

这天夜里，几个同学借着月光，悄悄地来到华罗庚的窗下。只见他翻开书本，看了一阵，关上灯躺下了，把书立在胸脯上，两眼直直地盯着它……

同学们眼看着月亮跨过了树梢，爬过了房顶。这时候，华罗庚才拉开电灯，翻到最后几页看了看，脸上掠过一阵满意的微笑，便把书撂在一边，又拿起另一本书兴致勃勃地读起来。

同学们推开房门，一哄而入，"哎，华罗庚，你是咋学的？快说，别保守啊！"

原来，华罗庚有着奇特的读书方法，他不光用眼看，而且能在黑暗里用心看。他说："每看一本书，都要抓住它的中心环节，独立思考，自求答案。要是结论和书上一样，就不必一字一句地去记忆。因为了解了以后记住的东西，比逐字逐句的记忆更加深刻。如果说，知识是距离，那么，方法就是速度。不断改进方法，可以加快速度，缩短距离。"

就这样，华罗庚用他的"直接法"，大口大口地吞食着数学宝库里的知识营养。

数学系主任熊庆来教授亲自推荐华罗庚加入大学教师的行列，清华大学理学院院长叶企荪破格地接纳了这位自学成才的年轻学者。这一年，他刚满24岁。

从此，一个没有大学文凭的助理员，破天荒地得到了大学教师的头衔，并且被送到英国深造去了。

人们称颂他："华罗庚无师自通，独辟蹊径。"

青年们询问他："成才的奥秘究竟是什么？"

请读一段华罗庚的自白吧：

"中国古代有句老话：'班门弄斧，徒贻笑耳。'可是，我的看法却正好相反：弄斧必到班门。因为只有不畏困难，勇于实践的人，才有可能攀登上旁人没有登上过的高峰。"

抗日战争爆发以后，华罗庚于1938年告别了留学两年的英国剑桥大学，返回祖国，在西南联大担任数学教授。

坐落在昆明翠湖湖畔的这所国立大学，常常被日本重型炸弹爆炸的烟尘所污染。华罗庚每次讲完课，总要在野草丛生的校园里，呼吸一点儿新鲜空气，然后步行二十来里路，回到大塘子的破阁楼里。

有一天，他刚爬上低矮的楼梯，看到夫人的眼里蒙了一层泪水："怎么，不舒服了？"

"没有。"夫人连忙用衣角揩揩泪痕，背着亮坐下了。

"米又接不上了？"

举止文静的夫人点了点头。

"又到了秦琼卖马的光景啦！"华罗庚的眉宇紧锁起来，两只熠熠闪光的眼睛，环视着这间既是卧室、书房，又兼厨房、厕所的"四合一"的房间。"还有什么可以拿出来卖的？"

"这年月，兵荒马乱的，有的教授都改行到仰光跑买卖去了，你也去找个别的门路吧？"夫人抬头瞧着丈夫的眼睛问："是不是到哪个中学兼个课？"

华罗庚指着桌上的《堆垒素数论》的文稿说："我哪里有时间呢？"

"总得想个办法，物价天天往上涨呀！"

华罗庚一边整理着层层叠叠的稿纸，一边说："过去，在金坛学数学的时候，全家人省吃俭用过穷日子；今天，当了教授写论文，还得省吃俭用过紧日子呵！哈哈！"华罗庚仰面大笑起来。他那保留着稚气的娃娃型脸盘上，洋溢着青春的活力。

华罗庚的一席话，说得夫人也舒展开细长的双眉："那你就快写吧，我自己想办法去。"

"好！"

华罗庚顺手在旧棉絮上摘了点棉花，搓成细条，放在破香烟罐改装的油盏里，点燃灯芯，埋头写了起来。

突然，楼板下面传来"唔——唔——"的尖叫声。

华罗庚顺着声音从楼板缝往下看去，哦，马蹄子踏在猪身上了。他叹了口气，又趴在桌上继续写起来。就这样，在战火中，衣食不周的条件下，华罗庚完成了数学专著——《堆垒素数论》。

1950年初春的一天，正在国外任教的华罗庚夫妇领着3个孩子，来到旧金山海湾。

美国朋友悄悄地登上海湾的码头，来送别相处4年的中国数学家、伊利诺伊大学的教授——华罗庚先生。

一位身材高大的数学教授走上前来握着华罗庚的手："密斯脱华，真要走？"

"嗯，回自己的祖国去！"

"你的学识渊博，令人敬佩！如果把这一切抛到贫穷落后的国土上去，难道不觉得遗憾吗？"

华罗庚抬了抬近视眼镜，点头道："是呀，学术研究固然是崇高的事业！可是，只有把它献给祖国的时候，才具有真正的价值！"

"你已经被聘为终身教授。如果能继续留在美国，一定会有更多的论著。"

"我是一个中国人，我要为祖国尽力。"身量魁梧的中年数学家看了一眼自己的妻子，自豪地说，"是这样，来，是为了回去！"

和华罗庚同龄的夫人，嘴角挂着宁静的笑容，望着丈夫点了点头。

美国朋友摊开两手耸了耸肩："真是遗憾，遗憾啊！"

四周的空气好像一下子被凝结住了，只有那太平洋的激浪，在不断地拍打着旧金山海湾的礁石，发出"哗、哗"的回响……

华罗庚拾起拐杖，迎着海面的春风，大步踏上邮船，他回首对美国朋友们深情地说：

"再见了，朋友，后会有期。"

1979年夏天，幽静的英国伯明翰大学，突然热闹起来。报告厅前，小卧车川流不息。两鬓斑白的老教授，精神抖擞的青年数学家，像潮水一样涌进大厅。他们是来听华罗庚作"优选法和统筹法"的报告的。

华罗庚先生的名字，早已保留在英国人的记忆里。那是43年前，1936年的夏天，华罗庚曾经来到当时被称为英国的数学摇篮——剑桥大学留学。这位自学起家的东方学者，刚踏进这座驰名全球的高等学府，就向数学的制高点——华林问题、泰利问题、哥德巴赫问题，发起了猛烈的进攻。他，居然在短暂的两年时间里，登上了新的高峰。人们夸奖他，颂扬他：

"数学权威们颇感兴趣的泰利问题，被中国的数学先驱者突破了。"

"数学之王高斯留下的难题，也被这东方数学家华罗庚先生攻克了！"

当时，连扬名世界的数学家哈代也赞不绝口："太好了，太好了！连我的著作也要修改了。"

一位著名的英国学者读了华罗庚在剑桥写下的十几篇论文，扬起双臂兴奋地说：

"这是剑桥的光荣！"

华罗庚从1938年告别剑桥回国以后，在这将近半个世纪里，他的数学著作，不断再版、发行。所以，人们对华罗庚的名字是记忆犹新的。

这一天，来听华罗庚报告的，并不都是数学家，还有不少医学家、工程学家、机械学家。他们是看到餐厅门口的海报而来听讲的。

华老的助手高兴得一口气跑到餐厅门口，一眼就看见了那张大海报，上面写着：

应用数学报告，主讲人华罗庚
题目：为千百万人的数学

"哎呀，这个题目改得太好了。"他的耳边回响起华老的声音："我们的知识从人民中来，应该回到人民中去。"他回想起这十多年来，华老带着他们走南闯北，到各处推广优选法和统筹法，足迹遍及大半个中国，20多个省、市、自治区的160个城市，到过上千个工矿企业作报告，给国家节省了多少的石油、粮食和钢材呀！

当天晚上，助手和华老来到餐厅，他指着海报说："这题目改得真妙！"

"是呀，我们的数学就是要走出书斋，为千百万人服务。"华老在餐桌旁坐下来，一边喝着咖啡一边说，"我们，好比是一滴水，千百万人民群众才是汪洋大海。当一滴水投进大海的时候，他就会发现要求变了，不再考虑怎样不使自己干枯的问题，而是服从沧海的需要了。但是，你们不要强调了应用，而丢掉了理论。"

助手想起在前几年的日子里，华老总是半夜三更抓他们起来讨论优选法和统筹法的情景，深深体会到：如果没有坚实的理论基础，是培养不出这鲜艳的应用之花的。

1981年初，华罗庚在美国参加完第四届国际数学教育会议以后，应旧金山湾一些知名数学家的邀请，到他们家中做客。

2月5日，当华罗庚来到依山傍海、碧波萦绕的海滨别墅时，70多岁的美籍华人陈老夫妇早已在门口等候。老教授兴致勃勃地迎上前来："密司脱华，这次一定要在这里多住几天啊！"

"当然，当然！"华罗庚含笑点头，"离别美国30年，许多老朋友都桃李成行了。"

"这次请你回来讲学，机会难得啊！"

这一天，陈老夫妇俩还请来了许多新老朋友，与华罗庚叙旧联欢，促膝谈心。

一位身材高大的美国朋友，走到华老跟前，他扬起剑眉问道："还记得我吗？密司脱华。"

"你是？"

"1950年你回国的时候，我们在旧金山湾给你送别。那时候，我曾经为你离开美国而惋惜。""哦，记得，记得！"

"可现在你攀上了数学的高峰，这是中国的骄傲！"

此时此刻，华罗庚也以同样的热情，注视着这位美国数学界的老教授，他又说出30年前离别时的老话："我是一个中国人，要为祖国尽力，来是为了回去！"

"佩服，佩服，密司脱华，哈哈……"

在座的人也都开怀大笑起来。

夜深了，华罗庚走到凉台上，凝望着辽阔的太平洋海面，海水激起层层浪花，滚滚向前。他心中翻滚的思潮，回到了祖国大地。他用苍劲有力的大手，按在起伏的胸口上，默默地对自己说：这颗滚烫的心，要和祖国前进的脉搏一起跳动！

■故事感悟

有时候天分固然很重要，但孜孜不倦的努力和精益求精的精神更是取得成就不可或缺的条件。华罗庚精益求精、不断进取的精神是我们中华民族传统美德的充分体现！

■史海撷英

少年时期的华罗庚

华罗庚在读初中时，功课并不好，有时数学还考不及格。当时，正在金坛中学任教的华罗庚的数学老师王维克发现，华罗庚虽然贪玩，但思维敏捷；数学成绩虽然不好，但做习题时往往是改了又改，解题方法十分独特别致。

有一次，金坛中学的老师感叹学校"差生"多，没有"人才"时，王维克就辩解说："不见得吧，依我看，华罗庚同学就是一个人才！"

"华罗庚？"一位老师笑道，"你看看他那两个像蟹爬的字吧，他能算个'人才'吗？"

王维克有些激动地说："当然，他成为大书法家的希望很小，可他在数学上的才能你怎么能从他的字上看出来呢？要知道，金子被埋在沙里时，粗看起来和沙子并没什么两样。我们当教书匠的一双眼睛，最需要的是有沙里淘金的本领，否则就会埋没人才啊！"

　　王维克也成为第一个发现华罗庚具有数学天赋的伯乐，而且王维克不仅发现了华罗庚的数学天分，还有意培养他。王维克本人博学多才，家里藏书丰富。后来华罗庚便成为他家的常客，或来借书，或来请教问题，每次都会受到王维克的热情款待和耐心指点。在这里，华罗庚也开始了他的数学家生涯。有志者事竟成，他终于在19岁那年写出了著名的论文。

■文苑拾萃

治学

（现代）华罗庚

神奇妙算古名词，师承前人沿用之。
神奇化易是坦途，易化神奇不足提。
妙算还算拙中来，愚公智叟两分开。
积久方显寓公智，发百才知智叟呆。
埋头苦干是第一，熟练生出百巧来。
勤能补拙是良训，一分辛苦一分才。